体育学术研究文丛

足球比赛表现分析理论与实践

龚炳南 著

北京体育大学出版社

策划编辑：吴　珂
责任编辑：田　露
责任校对：吴　珂
版式设计：中联华文

图书在版编目（CIP）数据

足球比赛表现分析理论与实践 / 龚炳南著. -- 北京：北京体育大学出版社, 2024. 10. -- ISBN 978-7-5644-4200-2

Ⅰ. G843.7

中国国家版本馆CIP数据核字第2024M7D995号

足球比赛表现分析理论与实践
ZUQIU BISAI BIAOXIAN FENXI LILUN YU SHIJIAN
龚炳南　著

出版发行：北京体育大学出版社
地　　址：北京市海淀区农大南路1号院2号楼2层办公B-212
邮　　编：100084
网　　址：http：//cbs.bsu.edu.cn
发 行 部：010-62989320
邮 购 部：北京体育大学出版社读者服务部 010-62989432
印　　刷：三河市龙大印装有限公司
开　　本：710mm × 1000mm　1/16
成品尺寸：170mm × 240mm
印　　张：12
字　　数：196千字
版　　次：2024年10月第1版
印　　次：2024年10月第1次印刷
定　　价：85.00元

（本书如有印装质量问题，请与出版社联系调换）

目　录

CONTENTS

第一章 运动表现分析

第一节 运动表现分析的发展进程

运动表现分析（sports performance analysis）的前身是运动标注分析（sports notational analysis）。标注分析（notation analysis）方法于1954年受到舞蹈标注分析专家拉班的影响，逐渐应用到运动科学研究与实践领域[1,2]。随着不断的演变与发展，运动表现分析学在运动标注分析路径的基础上融合了运动生物力学的分析路径，通过客观的信息反馈来帮助分析和提高运动表现，现有理论体系包含运动标注分析和运动生物力学分析两个应用路径[3]。历史上推动学科发展的一个重要事件是1998年英国奥林匹克委员会（British Olympic Association，BOA）将下属的生物力学指导小组（Biomechanics Steering Group，BSG）更名为运动表现分析指导小组（Performance Analysis Steering Group，PASG），将运动生物力学分析师与运动标注分析师组合在一起，共同为奥林匹克运动员提供运动表现分析服务[4,5]。据此，从基于运动实景进行分析的学理上来说，运动标注分析和运动生物力学分析都是基于运动表现指标的理论模型建立起来的，并经得起人工智能方法的检验。但运动生物力学分析主要是针对个人运动项目的动作技术分析，并使用动力学指标，拥有力学与生理学理论发展背景；运动标注分析则主要集中在对团体运动项目中的运动技能与动作模式的探究，并使用技术和战术表现指标，有着更多的对比赛战略探索的发展内涵[4]。

20世纪60年代，运动标注分析的发展较为缓慢。步入70年代，随着信息科技的快速发展，在迈克·休斯和伊恩·弗兰克斯等一批学者与实践先驱的努力下，运动标注分析在运动科学领域站稳了脚跟[2]。1991年，第1届世界运动标注分析大会（World Congress of Notational Analysis of Sport，WCNAS）在英国举办。同年，国际运动标注分析协会（International Society of Notational Analysis of Sport，ISNAS）成立。两年一届的世界运动标注分析大会对该学科的发展有重要的推动作用，越来越多国家的高等院校和研究所开设相关专业或专题课程[2]。正是在最初的几届大会中，运动标注分析专家和运动生物力学专家决定将“运动标注分析”更名为“运动表现分析”[2]。“世界运动标注分析大会”和“国际运动标注分析协会”也相继更名为现在的“世界运动表现分析协会”（World Congress of Performance Analysis of Sport，WCPAS）和“国际运动表现分析学会”（International Society of Performance Analysis of Sport，ISPAS）。

2001年，国际运动表现分析学会创建了学术期刊《国际运动表现分析杂志》（*International Journal of Performance Analysis in Sport*），并被SCI收录，该期刊2021年的影响因子为2.488。运动科学中较为知名的国际核心期刊《体育科学杂志》（*Journal of Sports Sciences*）、《体能研究期刊》（*The Journal of Strength & Conditioning Research*）和《运动科学与医学》（*Journal of Science and Medicine in Sport*）等杂志都开辟了“运动表现分析”专栏。此外，运动科学类期刊目前影响力排名第一的《英国运动医学杂志》（*British Journal of Sports Medicine*）也常常收录体能方面运动表现分析类的文章。目前，越来越多国际体育科学核心期刊接收有关运动表现分析的稿件，运动表现分析在体育科学领域也拥有了越来越大的学术影响力[6]。

以上研究进展表明，国际运动科学领域已经形成了较为完整的运动表现分析的研究体系。在团体运动项目如足球中，运动表现分析是主要的应用路径，其更多地利用技战术表现指标来实现对足球运动表现行为的研究。

第二节　运动表现分析的研究内容

作为应用型运动科学，运动表现分析学是指在训练或比赛中对运动员运动表现指标进行客观描述与分析的学科。运动表现分析学是针对真实场景中的运动表现的分析，这是它区别于其他体育科学的主要特征，它对运动表现的行为与结果进行真实、客观、无主观偏见的反馈与分析[2,3,5,7]。因为真实运动场景中的运动表现行为与结果是不受分析师及其他科研因素影响的，同样，实验环境也无法完全与实战环境相符，所以运动表现分析学的研究范畴不包括自我评估、体能测试和基于实验室环境的实验分析[7]。这其中较为关键的区分点是生态效度（ecological validity），因为在实际场景中进行的运动表现分析有着很强的生态效度属性，它能够客观、真实地反映运动员和运动队的竞技表现。但也有部分在控制情景下的实验室实验与测试分析项目被纳入了运动表现分析学范畴。在实验室情境中，研究者对实验或者测试的条件与影响因素进行调整，并将生态效度尽可能控制在合理的范围内，从而实现对完整技术动作或部分技术动作的运动表现分析。例如，以自行车、游泳、跑步运动为代表的周期性运动项目（cyclic sports activities）[8]与爆发力运动（explosive sports）[9]。

从运动表现分析学的实践应用角度来说，借助各领域科技发展中可选择的测量工具和评价手段，运动表现分析师能够给主教练、高水平竞技主管提供更为客观、准确的反馈，运动表现分析的核心是运动表现数据的收集。在高水平足球运动员的训练与比赛实践中，数据收集融合了人工记录、电脑计算、视频抓取、可穿戴设备监测等现代科技应用。而作为运动表现分析与评价的关键，运动表现分析师需要通过运动表现分析指标来评价比赛中个人、团队、小组的竞技表现。而运动表现指标应该与运动表现或者结果直接相关[10]。此外，运动表现分析指标逐渐被用于运动表现档案（performance profiles 或 normative profiles）的创建，以描述被分析球队或个人的表现模式，从而为未来的竞技表现行为提供一些预测[11]。

在运动表现分析学领域的权威著作《运动表现分析概要》（*The Essentials of Performance Analysis in Sport*）中，国际运动表现分析学会的创始人兼主席迈克·休斯教授曾经指出，运动标注分析的应用领域包括战术评价、技术评价、动作分析、数据库开发与建模、教练员与球员的教育应用[3]；运动表现分析包括技术表现分析、效率分析、战术表现分析、决策分析以及与体能表现相关的动作分析等内容[7, 12, 13]。

运动表现分析领域的主要研究热点和方向：①关键事件与干扰因素；②执教行为分析；③不同运动项目的运动表现指标；④跑动量分析与伤病评估；⑤研究方法信度；⑥技术分析；⑦技术有效性分析；⑧比赛战术模式；⑨运动表现建档；⑩运动表现支撑的有效性；⑪ 裁判员分析[12]。

实际比赛中的运动表现分析工作是教练员进行训练设计和执教的主要信息来源之一[14]。从本质上来说，运动表现分析可以为教练员和运动员提供有价值的信息，即仅借助主观感知很难被准确记录的信息。基于这些数据信息，教练员可以有针对性地完善他们的训练计划，并有目的地提高运动员的比赛表现[15]。近年来，比赛表现分析无论在个人运动中，还是在团队运动中，都是体育科研人员重要的研究领域。

综上所述，运动表现分析强调的是对真实运动场景中运动表现的解读，其核心是数据采集和分析。结合其在比赛中的应用目的，可以将比赛中的运动表现分析的重点归纳为技术分析、战术分析、以动作或跑动分析为主的体能表现分析。

第三节　运动表现分析的发展现状

进入21世纪后，随着计算机科学技术和传感器技术的发展，比赛视频分析、编码标记分析、运动员实时监控等新的技术手段不断融入运动表现分析的应用与研究中[16]。大量学者提出，运动表现分析应该更紧密地融合运动训练学、竞技参赛学、生物力学、生理学、心理学的理论与知识，朝着应用型交叉学科方向发展[17]。在这样的背景下，许多欧美高等院校和研究所都相继开设了相关专业或专题课程，旨在系统化地培养更多应用与研究人才[2]。如表1–1所示，多所体育科学学院在运动表现分析领域进行了专业培养上的尝试，以不同的方式培养该领域专业人才。例如，以卡迪夫城市大学、维多利亚大学、拉夫堡大学为代表的大学将“运动表现分析”设置为专业方向，对学生进行本、硕、博各层次的培养；以德国科隆体育大学、马德里理工大学为代表的大学则设置一定课时的课程专题或模块来提升学生的专业竞争力。

与此同时，学术期刊中运动表现分析领域的研究成果也大量涌现出来并受到广泛关注。《英国运动医学杂志》、《欧洲体育科学》（*European Journal of Sport Science*）等体育科学类重要国际核心期刊也越来越多地关注运动表现分析领域的研究成果。《体育科学杂志》、《国际运动生理与表现杂志》（*International Journal of Sports Physiology and Performance*）等更是相继增设了“运动表现分析”专栏[18]。国际运动表现分析协会的官方学术期刊《国际运动表现分析杂志》的影响因子也在逐年攀升。运动表现分析在体育科学领域逐步拥有了更大的学术影响力[6]，该领域研究成果所涉及的运动项目愈加全面、方法手段更加丰富、内容体系更加完整。

表1–1　世界知名体育科学学院在运动表现分析领域的专业培养动态

学校	国家	项目名称	项目类别	培养层次
拉夫堡大学	英国	应用运动表现分析（applied sport performance analysis）	专业方向	硕士研究生
迪肯大学	澳大利亚	运动表现分析（sport performance analysis）	专业方向	硕士研究生
维多利亚大学	澳大利亚	足球运动表现分析（performance analysis in football）	专业方向	本科生、硕士研究生、博士研究生
卡迪夫城市大学	英国	运动表现分析（sport performance analysis）	专业方向	硕士研究生、博士研究生
密德萨斯大学	英国	运动表现分析（sport performance analysis）	专业方向	硕士研究生、博士研究生
德国科隆体育大学	德国	运动训练与运动信息学（exercise training and sport informatics）	课程专题	硕士研究生、博士研究生
马德里理工大学	西班牙	运动表现分析（sport performance analysis）	课程专题	硕士研究生

续表

学校	国家	项目名称	项目类别	培养层次
巴斯大学	英国	运动表现－运动表现分析（sports performance – performance analysis）	课程专题	硕士研究生、博士预科
埃克塞特大学	英国	职业发展模块－运动表现分析（professional development module – performance analysis）	课程专题	硕士研究生
格里菲斯大学	澳大利亚	表现分析（performance analysis）	课程专题	本科生
埃迪斯科文大学	澳大利亚	表现分析与运动员竞技监控（performance analysis and player monitoring in sport）	课程专题	本科生
都柏林大学	爱尔兰	面向教练员的运动表现分析（sports and performance analysis for coaches）	课程专题	硕士研究生
拉筹伯大学	澳大利亚	运动分析学和运动表现分析（sport analytics and performance analysis）	课程专题	硕士研究生

第二章　足球运动表现分析

第一节　足球运动表现分析的发展意义

国务院办公厅于2015年印发的《中国足球改革发展总体方案》，国家发展和改革委员会2016年印发的《中国足球中长期发展规划（2016—2050年）》和《中国足球中长期发展规划（2016—2050年）重点任务分工》等政策性文件都明确指出，要推动加强足球科研服务保障，充分发挥科研对中国足球的指导支撑作用；要重点引入大数据、可穿戴设备等新模式和新技术，促进足球竞技水平与人才培养的多点创新；借鉴国内外先进和成熟的经验应用于中国，探索中国足球事业的科学化发展道路。此外，国务院办公厅印发的《体育强国建设纲要》中也提出了加大体育科技创新力度，加大科技助力体育的力度。而这些客观发展的需求与足球运动表现分析的应用与研究范畴高度相关[3]。

近年来，随着科技的发展和外部环境的变化，我国运动科学与实践也在不断发展。笔者通过收集资料，对近年来足球运动表现分析领域的实践应用大事件进行梳理，具体情况如下。

2015年11月，中国足球协会针对中国足球协会甲级联赛数据服务合作进行项目征集，合作周期为3~5年。该项目为中国足球协会及其甲级联赛俱乐部提供数据分析的支持。

2016年9月，中国足球协会针对其青少年球员运动机能监测服务合作进行项目征集，合作周期为3~5年。该项目为中国足球协会青少部及女子部下属U系列梯队及相关青少年球队提供集训、比赛期间的运动机能检测服务。

2017年5月，中国足球协会针对中国之队技术数据服务合作进行项目征集，合作周期为3年。该项目为中国足球协会管理下的各级国家足球队提供队伍和赛事技术数据支持。与此同时，该项目执行者也获得中国之队赛事及训练的实时数据和影像数据的采集及分析资格。

2018年5月，中国足球协会发布《中国足球协会运动表现分析及数据挖掘合作项目公告》，该项目针对国家队赛事、中国足球协会超级联赛（以下简称“中超联赛”）等赛事数据进行深入分析，多视角展现近些年中国国家队、各中超联赛俱乐部技战术风格的变化，深入了解当今世界高水平足球发展趋势，并对未来国家队重要赛事进行调研分析。

2018年12月，北京体育大学国家足球队科技服务数据平台数据采集服务项目招标，项目服务期限为3年。该项目为国家足球队科技服务数据平台建设项目的支撑项目。该项目通过大数据分析平台实现对球员、球队比赛与训练数据的采集与分析，并建立和完善球员数据库，为不少于30支国家足球队或指定足球队提供数据采集及分析服务。

研究表明，成功的执教过程取决于信息收集的准确性与对运动表现的客观分析[3]。依靠教练员主观观察与记忆进行决策的传统执教过程中，教练员只能回忆起决定比赛成功的核心因素与事件的30%，并且赛后对场上行为进行评估的准确率低于45%[19, 20]。另一项针对欧洲足球协会联盟（Union of European Football Associations，UEFA）足球职业级教练员的研究发现，这一数据为59%[21]。而运动表现分析尤其是比赛表现分析相关技术与方法的应用为职业足球提供了科学化的解决方案[3, 7, 12]。

足球是被分析与研究较多的运动项目之一，并有较长的运动表现研究历史[22]。足球运动表现系统的构成较为复杂，它不仅是体能、技战术和运动智能的综合体现，在比赛策略、战术、同队运动员、位置、对手、场地、气候等多种因素影响下，比赛中运动员的技战术表现经常处于动态变化中[23]。同时，在职业足球顶级联赛的竞争中，强队很难在多个赛季一直保持成功，所以很难以较少的研究样本来探索足球比赛表现关键特征与规律。

随着现代信息技术的高速发展与应用，在大数据时代的背景下，“科技助力体育”已融入我国各类竞技体育项目的国际大赛备战工作，数字化为竞技体育的综合实力提升提供了强有力的科学支撑[24]。职业足球领域中，教练员、运动表现主管，甚至是俱乐部投资人都对比赛表现数据的收集与分析越来越重视，但仍然存在着不同层面上的问题。

首先，国内外体育数据公司如雨后春笋般涌现出来，大量的现代信息科技手段被运用在中国职业足球的比赛表现分析中。但在产出数据的质量、指标效度与多样性上仍然存在一定的局限性。

其次，目前大量成果仍然停留在对基础表现指标与数据结果的描述性分析上，缺乏对情境因素和复杂比赛行为的探讨，并存在研究样本量较小、无法稳定地对研究结果进行输出应用等问题。这导致了教练员不能对学术研究成果进行有效实践。

最后，随着比赛数据来源的不断丰富，人们对足球比赛表现的认知越来越深入，数据量级越来越大，其结构与类型也越来越复杂。同时，在职业足球顶级联赛的竞争中，强队很难在多个赛季一直保持成功，所以很难用较少的实证样本定义足球比赛表现的关键特征。这对探索足球比赛表现的规律与趋势提出了较大的挑战。

所以如何利用好现代化科学技术手段和分析方法，对高水平足球运动表现，尤其是对比赛表现中的数据信息进行客观、合理、有效的分析成为足球运动科学研究与实践的热点[3, 7, 23]。

第二节 足球运动表现分析的研究概述

足球是运动表现分析领域被研究和讨论较多的运动项目之一[22]。刘鸿优、崔一雄、张绍良等[6]曾经利用斯高帕斯（Scopus）数据库，以“运动表现分析”为关键词进行搜索，发现在数十个运动项目的表现分析研究成果中，足球以722篇的论文数量成为最热门的研究项目，被引用次数高达18 560次。另外两大集体球类项目篮球和排球，分别以200篇和124篇的论文数量排名第3位和第7位。从论文数量和引用次数上来看，热门的项目还有自行车、网球等。足球运动表现分析历史上的第一篇科学文献在19世纪60年代由里普和本杰明在《皇家统计协会杂志》(*Journal of the Royal Statistical Society*)上发表。文中，里普和本杰明[22]对英格兰超级联赛和世界杯的比赛表现进行手工标注分析后发现,50%的进球来自控球时的一脚传球或者零传球(点球或任意球),50%的进球来自在"进球区域"的传球行为，80%的进球来自3次或更少的传球，在对方半场重新获得球权后将会产生更多的进球机会，平均需要10次射门才能取得1个进球，等等。作为足球运动表现分析和标注分析的先驱，里普的一系列分析研究对后来的足球运动科学甚至整个足球技战术风格的演变与发展都产生了深远的影响[25-29]。

其中，借助大量比赛表现分析实践推导出的"直接打法"(direct play)战术理念最为知名。这种技战术风格的核心理念是足球进入射门区域的次数越多，进球得分的可能性就越大[30]。这种理念在很长一段时间里影响了英式足球，甚至整个欧洲的足球风格，人们熟悉的战术场景是在中场区域甚至后场区域直接发起进攻，即将球直接长传至对方半场，甚至是对方禁区，进而组织进攻[29, 31]。此外，这一理念也在早期影响了教练员执教中的实践应用。例如，"比赛原则"(the principle of play)是目前全世界范围内教练员等级培训中推崇的关键执教哲学之一，最早的版本由英格兰教练员培训主管艾伦·韦德于1967年提出[32]。以"控球"为主的进攻原则在早期受到过度关注，该原则引起瑞典和挪威足球专家的激烈争论与质疑。在1981年，挪威国家队主教练奥尔森对该原则进行了改进，并提出进攻的目的是取得进球，而防守的目的不仅是阻止对方进球，也是赢回球权。其中，重点强调了"直接打法"对比赛得分的重要意义，并将该理念纳入进攻原则中。而奥尔森正是基于足球运动表现分析的理论与里普的研究成果对该理论进行完善，并于1987年在利物浦举行的足球与科学大会上做了报告，该报告引发热烈讨论[33]。

经过数十年的发展与演变，不同于早期依靠大量人力成本的手工标注分析方式，大量现代化科学技术与应用被广泛用于足球项目的运动表现分析中。而分析技术的创新也提供了更多维度、更为深入的数据信息，并不断影响着我们对足球运动的认知[34]。无论是实践应用方法还是相关的科研成果都在不断地快速增长[35, 36]。

由此可见，足球是运动表现分析中的热点研究领域，有着较长的实践历史。相关的研究成果也在一定程度上影响着现代足球技战术风格的演变与发展[37]。

国内关于足球运动表现分析的期刊文献与著作成果较少。其中，国内学者赵刚和部易峰等人在2014年首次提出足球运动表现分析的概念，并通过对足球领域中的运动表现分析的发展进程进行较为全面的梳理，深入探讨了足球运动表现分析的问题与发展趋势[38]。赵刚和陈超在2015年以复杂系统为视角，对比赛中的跑动能力表现与技战术表现两个方面的研究方法与指标进行分析研究，梳理了足球运动表现研究的基本模式、指标体系与测量标准，为足球运动表现研究提供理论依据与操作方法[23]。足球运动表现分析在国内尚未形成相应的研究体系[6]。

第三节 足球运动表现分析的应用情况

职业足球领域对运动表现分析的应用需求也在不断增多。越来越多的职业足球俱乐部和足球管理部门开始设置运动表现分析岗位与部门来直接提供科学保障与表现评估[39,40]。

其中，最为关键的应用场景是足球教练员的执教过程，而这一过程的核心是围绕比赛进行的相关执教活动[41]。教练员通常需要借助来自球员、球队的真实比赛表现的相关信息反馈来进行决策[31]。运动表现分析技术能够为教练员提供这种信息反馈和分析支持。通常来说，运动表现分析技术能够为教练员和球员提供的分析支持包括定量和定性两种。在定量分析方面，以比赛数据分析报告为代表，该报告纳入了包括比赛事件频次、动作行为结果以及球员跑动追踪等数据信息。在定性分析方面，一般来说，当获得比赛数据报告之后，教练员和竞技主管还需要结合相应的比赛视频片段对比赛关键事件进行更为具体的定性分析[42]。分析师要根据教练员需求，并结合比赛关键事件等因素对比赛视频或者训练视频进行剪辑、标注与归类，这就是视频分析工作（video analysis）[41]。

迈耶斯、奥多诺霍和加兰等[43]曾经针对教练员执教环境提出一个以运动员为核心的运动表现分析活动的模型。分析师借助各类技术工具对运动员的比赛表现进行评估，为教练员提供反馈。然后，教练员将反馈与修正内容带入训练课中，最终实现比赛表现的优化与提升。整个模型的目的是通过执教过程中的信息交流与反馈帮助运动员和教练员取得双向的成功。随着现代科技信息技术的发展，足球教练员、表现分析师、高水平运动表现主管以及足球主管部门对运动表现数据和信息的要求也越来越高。

罗伯·麦肯齐和克里斯·库什曾在2013年对足球运动表现分析领域的研究成果与应用情况进行了评论性综述。他们回顾了现有的关于足球表现分析的研究成果，并分析了以比赛表现为核心的研究变量及其研究结果对专业实践的影响与实际的适用性，其中包括情境变量、样本量、指标定义与信效度等方面的问题[44]。该研究指出，应该利用运动表现分析信息开展对球员和教练员学习的研究，从而增强足球运动表现分析应用实践的有效性。同时，也提出未来的研究应该更加关注应用环境中影响表现分析信息传递和球员学习的社会与文化因素。而运动表现分析人员也应该具备良好的专项认知背景与实践经历。学会将这些新的技术手段与教练员不同执教环节的需求进行有效结合，从而产生实用和可用的信息，这可以提高球员的运动表现和教练员的执教效果[45]。

综上所述，在应用层面，比赛表现是足球运动表现分析的核心。借助各类技术工具和方法对球队、球员的比赛表现进行评估分析，能够为教练员提供有效的信息反馈，从而提高教练员执教的效率。

第三章　足球比赛表现分析的理论基础

第一节　足球比赛表现分析的研究概述

一、足球比赛表现分析体系

足球运动表现分析的目的是服务于真实的运动场景。目前大量的研究成果都集中在比赛表现分析领域，并以比赛技战术和体能（跑动）表现分析为主。早期的足球运动表现分析局限于运动标注分析和生物力学分析，对应产生的技战术表现评估较多。现阶段借助各类科学技术应用，比赛中的生理学分析变得越来越丰富[12]。目前在足球比赛分析领域较为权威的著作是卡林赖利和威廉姆斯[36]在2005年出版的《足球比赛分析手册——提高运动表现的系统方法》（*Handbook of Soccer Match Analysis*：*A Systematic Approach to Improving Performance*），截至2022年2月，在谷歌学术上查询到的该文献被引用次数高达1005次。该书对足球比赛表现分析的理论与实践发展起到了关键的作用。但由于出版时间较早，伴随着现代科技手段的快速发展与应用，书中所涉及的理论体系已无法满足实践应用的需要，亟待更新与完善。滕加[46]曾经在2013年版的《劳特利奇运动表现分析手册》（*Routlege Handbook of Sports Performance Analysis*）的“足球”章节中将目前足球运动表现分析领域中的研究成果归纳为：①技术有效性分析；②战术分析与决策评估；③体能分析和伤病评估；④行为和心理分析；等等。

沙曼托、克莱门特、阿劳约等[35]对2012—2016年发表的数百篇关于职业足球的研究成果进行系统性评价。并基于马塞利诺、桑帕约和梅斯基塔[47]的比赛分析体系，对足球比赛分析体系进行优化（见图3-1）。目前的研究仍然存在以下三个方面的局限性：①较多研究停留在对比赛事件的简单描述和比较上，较少地考虑比赛中的动态特点；②缺乏对分析指标定义的详细描述与分类；③较少地考虑到情境因素对比赛表现所产生的影响。

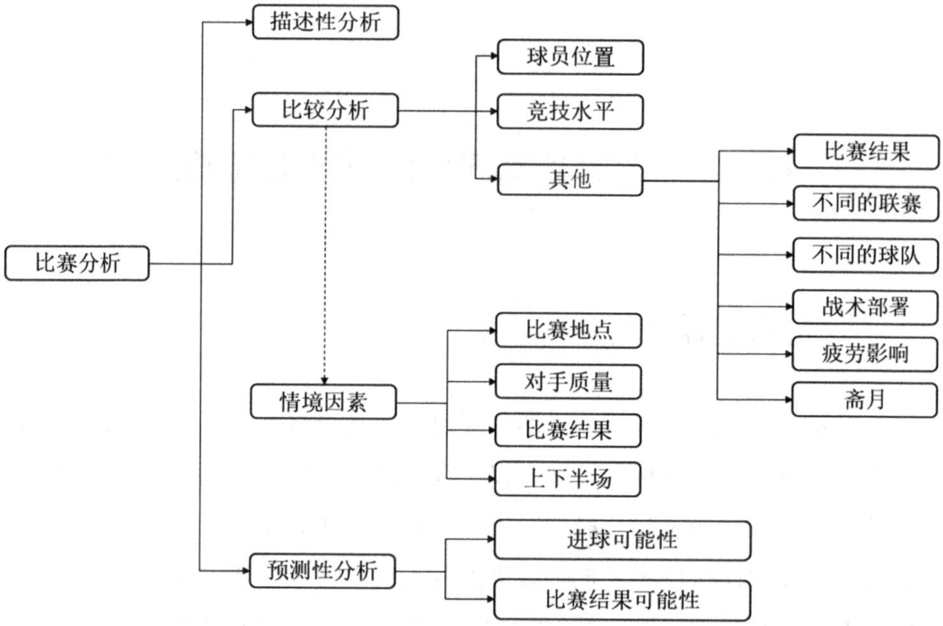

图3-1　足球比赛表现分析体系[48]（基于研究成果的系统性评价视角）

在国内学术界，关于中超联赛的研究成果的讨论较多。在对研究方法的探讨上，刘鸿优、彭召方曾对单赛季中超联赛的比赛技战术表现进行研究，并证明了广义线性模型可以对足球比赛技战术表现指标与比赛胜负的因果关系进行有效分析，从而用来判定哪些比赛技战术指标是比赛制胜指标。而在情境因素对比赛表现的影响上，谢军等人以两个赛季的球队技战术表现为研究对象，结合多个比赛情境因素对中国职业足球的技战术表现进行实证研究与分析，发现足球运动队的比赛技战术表现在不同比赛情境因素的影响下表现不同的特征[49]。同时，也有针对不同情境下的体能表现研究。刘勃曾对单个赛季职业球员跑动类体能数据进行统计、分析，结合球队质量对决定胜负的体能类数据指标进行探析和界定，探究了影响足球比赛获胜的关键体能指标[50]。在探讨球员之间战术表现的关系上，李博和王雷在2017年采用社交网络分析法对欧洲杯单场比赛双方的传球表现进行分析，并表明将社会网络分析法用于足球比赛传球表现研究可以直观地窥探传球趋势[51]，但该研究涉及样本较少，在探索足球比赛表现规律上存在一定的局限性。

根据以上研究可以发现，足球比赛表现分析成果集中在对技战术表现、体能表现等方面的探讨。目前的研究仍然存在局限性。例如，描述性分析较多，比赛中的动态特点分析较少；指标定义与分类缺失；样本量较少；忽略了情境因素对比赛表现所产生的影响等。

二、足球比赛技战术表现分析

比赛中的技战术表现行为是足球比赛分析研究中被讨论较多的领域之一，并具有较长的研究历史[46, 52]。足球比赛技术分析和战术分析的信息采集主要得益于运动标注分析技术的发展。例如，在足球比赛中发生的每个技术事件都会被记录，包括技术的类别（传球、射门、抢截等），团队战术表现指标，个人表现的技战术指标，比赛事件的发生地点，比赛事件的发生时间与结果（成功、失败）等。足球比赛表现分析中的实证研究通常集中在与进球得分、射门相关和传球等方面的探索上[53, 54]。里普关于技术行为的结果与频率的统计思路更是构建了足球运动表现分析与标注分析的基础。而早期运动标注分析的发展与应用也使职业足球比赛技战术表现分析迅速发展。

运动标注分析技术被应用在职业足球比赛的分析中，并不断被计算机化与智能化赋能，比赛中球员和球队比赛表现被大量研究与解读[44, 48, 55, 56]。教练员和技战术分析师可以从比赛中获得大量的运动表现数据与信息，并用于战术部署与训练设计[6, 38]。

随着采集方式和算法的不断升级与演变，技战术表现数据呈现多维度、多层次的特点，尤其是在大数据的时代背景下，传统的、孤立的针对比赛表现指标的描述性分析显然已经不能有效探寻球员和球队比赛表现行为的关键特征，而情境因素的出现能够有效地帮助教练员和分析师对比赛表现关键因素进行判断与分析[57]。

由此可见，比赛中的技战术表现分析是足球比赛分析中重要的研究领域。运动标注分析技术以及其他多种技术、算法的升级与演变对技战术表现分析的发展影响巨大。技战术数据从离散、单维的数据结构向多维的定量数据演变，其分析由描述性分析逐渐转向预测性分析。

三、足球比赛体能表现分析

长期以来，我们对足球体能水平的认知都基于在场地中的专项化测试、实验室试验和健身房功能训练[58-61]。随着计算机图像处理技术与各类追踪技术在竞赛环境中的应用与发展，我们逐渐能够从比赛中获取客观的数据进行直接的比赛体能表现分析，了解运动员的体能竞技状态和水平[55, 62]。

现有的各类追踪技术与方法都能够采集到整场比赛中球员关于动作行为类型、跑动特征和时间序列等的信息与数据，并能够在此基础上对球员的体能表现进行评估[60]。

球员在比赛中的生理学反应与动作模式也受到技术与战术等多种因素的影响，并且无论是有球状态还是无球状态下，球员跑动与动作行为都随着个人与团队技战术的变化而产生不同的特点[63, 64]。作为高强度间歇类运动项目，职业足球比赛对运动员的体能要求越来越高[65, 66]。

历史上第一篇比赛体能表现分析成果是赖利[67]使用密集型人工笔纸记录方法对球员场上的活动状态进行的粗略度量与研究，该成果于1976年在《人体运动研究杂志》(*Journal of Human Movement Studies*）上发表。从早期赖利的手动标注分析到现在可穿戴设备的半自动化与自动化追踪[68]，从总距离和速度类简单指标分类与记录到布洛姆费尔德、波尔曼和奥多诺霍[69]创立的布洛姆费尔德动作分类体系（Bloomfield Movement Classification，BMC)，体能表现分析技术与研究的发展在不断地提升教练员对足球体能的认知与训练水平。得益于光学追踪设备在正式比赛中的较早应用，英国足球职业联赛的科学化水平得到快速的发展，大量的职业足球体能表现研究成果随之涌现[70-73]，率先为全世界范围内的精英足球提供了科学化的发展依据。借助这些先进的追踪技术与设备，球队和球员的体能表现特征被大量研究和解读。

综上所述，足球比赛中体能表现分析的重点集中在动作行为、跑动表现层面的研究。各类运动追踪技术的发展与应用不断提升着我们对足球比赛体能表现的认知与训练水平。

第二节　核心概念的理解与界定

一、表现的概念

在《现代汉语词典（第7版）》中，“表现”作为动词的定义是“表示出来”[74]。参考《辞海》（网络版），“表现”作为名词可以解释为表露、显现出来的行为、样貌和作风[75]。

结合运动表现分析的研究成果与理论，本研究中所提到的“表现”对应英文为“performance”。在《新牛津英汉双解大词典》（第2版）中，对该词有三个层面的解释：一是文体娱乐活动中的表演和演出形式；二是反映某个事物或者活动的结果状况，如好与坏、优与劣等，通常用于表示工作业绩、经济状况和产品性能等；三是完成某个活动、任务的过程或者行为。由此可见，无论是中文释义还是英文释义，“表现”一词都强调了行为的展现形式、过程与结果状态。

在专业领域，“performance”的概念在经济管理活动中被应用较多，尤其是在人力资源管理领域，常被翻译为专有名词“绩效”[76]。贝茨和霍尔顿三世[77]曾经指出，“绩效”是多维结构的，受到多种因素的影响，度量的目标应该围绕着结果或行为。布拉奇曾经在1988年对“绩效”进行了更为直接的定义：绩效意味着行为和结果。行为源于表现主体，它将工作绩效从抽象转化为行动。行为不只是结果的工具，行为本身也是完成一项任务的心理活动和体力劳动的产物，并可以与结果分开来判断[78]。

而在比赛与训练过程中，教练员与科研人员需要对运动员、运动队的竞技表现进行准确、有效的评价。所以不可避免地要对能够代表运动行为或比赛事件的形式、发生过程以及结果等各类信息进行解读。这就与“表现”的概念紧密相关。此外，一些技术采集手段还涉及位置、行为主体、事件和时间等信息[79]。所以“表现”类信息具有多维的信息结构特征。

二、表现分析的概念与目的

“分析”指将某一件事物、现象或者概念分成若干组成部分，找出其本质属性和彼此之间关系的活动[74]。结合“表现”的概念，“表现分析”可以概括为对研究主体的活动形式、过程和结果状态进行分解，探寻其本质属性和内在关系的分析活动。

英文中的“表现分析”一般用“performance analysis”来表示。目前，多个学科领域的科学研究都涉及“performance analysis”的理论研究与实践。例如，在经济管理类专业中，“performance analysis”对应的中文词汇为“绩效分析”或“业绩分析”，通常用来评价资产配置情况、经济生产效率、人力资源考核等问题，以提高生产效率、经济效益为行为目的[78]。在工程类专业中，“performance analysis”对应的中文词汇为“性能分析”，通常用来检验硬件或软件的产品性能，识别运行体系中的缺陷，不断优化功能设计，提升系统运行的准确性与稳定性[80]。英国体育研究所（English Institute of Sport）曾对体育运动中的“表现分析”进行定义，即表现分析是一门用系统观察方法来提高运动表现与决策能力的专业学科，并主要通过提供客观统计数据（数据分析）和视频反馈（视频分析）来实现。

从广义角度来看，表现分析虽然在不同的专业学科领域中有着不同的评价主体，但在行为目的上存在着一致性。因此，表现分析可以概括为对研究主体的行为、过程和结果状态进行分析，最终实现提升评价主体的工作效率和表现水平的目的的活动。

三、运动表现分析的定义

在运动科学领域，表现分析往往被直接称为“运动表现分析”。其研究对象是运动员、运动队在训练或比赛中展现的真实的运动行为、过程和结果状态。不同于其他运动科学研究领域，表现分析专注于对真实运动表现的直接探析。其研究范畴不包括自我评估、体能测试等基于实验室环境中的分析活动。

奥多诺霍[12]曾经在《运动表现分析的研究方法》中对“运动表现分析”进行定义，即运动表现分析是对运动员在比赛或训练中的真实运动表现进行客观描述与分析的活动，它以提供准确信息反馈和提高表现水平为目的。在传统执教过程中，教练员凭借主观观察与记忆对比赛表现进行分析的准确率和可靠性都比较低[15]。所以，运动表现分析的核心原理是借助运动表现过程中客观的数据信息反馈来帮助解决观察人员靠主观回忆与判断的局限性问题。

通常来说，数据信息是借助表现指标来实现评价与分析的。运动表现指标指在定义上能够有效描述和代表运动表现中的重要方面并具有客观测量属性的指标。

所以表现分析活动在体育运动领域开展的核心是对客观、准确的运动表现数据信息进行采集与分析。最终，通过表现分析活动，帮助教练员改善训练环节，帮助运动员做出更好的战术决策，促使体育管理部门更有效地管理运动队，以及帮助运动科研人员更好地解读运动表现[7]。

四、足球比赛表现分析的概念与研究范畴

足球运动表现分析是运用客观数据信息，对训练或比赛场景中技战术和体能等各方面、各环节，以及体系的各部分之间数量关系和特征的认识活动，是一种对运动表现系统调查的研究方法[38]。

比赛表现曾经被定义为融入了技术、战术、心理和生理多种不同因素，且因素间相互影响的综合概念[81, 82]。国际足球联合会专家德特勒夫·布吕格曼曾经提出，足球比赛是最好的导师[83]。比赛表现分析是运动表现分析的主要研究场景，对于理解运动项目的制胜规律有着重要的意义，尤其是对足球项目而言[81]。

足球比赛表现分析是对球员、球队在比赛中出现的行为事件进行客观记

录和考察的分析活动。当然，如同爱因斯坦所说，“不是所有能被计算的事物都存在意义，也不是所有重要的事情都能被计算”[84]。考虑到教练员的执教需求与比赛数据可得性的问题，根据不同的分析目的，分析员需要对获得比赛胜利和提高运动表现有着重要贡献的数据信息进行合理、有效的采集。

目前，足球比赛表现分析领域中经常涉及的内容与研究范畴可以概括为四个方面，即技术表现分析、战术表现分析、体能表现分析和心理表现分析。同时，对应的运动表现分析方法包括运动标注分析和动作分析两种。

其中，技术表现和战术表现通常采用运动标注分析的方法，并以行为事件的频率和结果类指标为主。手工标注分析系统和半自动化计算机分析系统往往包括四类要素，即球员、位置、行为和时间。目前，足球比赛表现分析领域大部分的研究成果都来源于这种分析方式。同时，由于传统运动标注分析系统所产生的信息更多属于无向频率类数据，所以在战术表现分析领域的应用一直受到诟病[46]。不过随着相关技术的更新迭代，时空数据与位置数据的可得性逐渐增强，战术表现分析的定量分析效果也越来越接近比赛环境。

体能表现分析领域主要采用动作分析方法。足球比赛中的体能表现分析除了被称为“physical performance analysis”外，根据技术手段和指标的不同，在英文文献中也被称为“time-motion analysis”（时间 - 动作分析）、“movement analysis”（动作分析）、“work rate analysis”（工作效率分析）等[7, 12, 79]。动作分析主要是借助运动追踪设备对跑动表现进行分析，信息指标以位移距离、位置信息、时间信息、速度区间、加速度和减速度等信息为主。比赛强度可以通过速度区间进行划分，一般包括冲刺、高速跑、快速跑、慢跑、步行等。这些数据对于提升球员的体能表现水平以及伤病风险评估有着非常重要的意义。

此外，心理表现的分析也常常间接借助运动标注分析的方法进行解读，例如，利用频数表（frequency tables）对消极身体语言的分析、压力情景下的点球表现分析等[46]。但从可获取的数据信息属性上来看，这并不能直接、有效地代表比赛中心理表现的主要特征[34]。所以，目前的足球比赛表现分析的相关研究成果以技术表现分析、战术表现分析和体能表现分析为主。

第三节　大数据理论

一、大数据理论基础

国际著名咨询机构麦肯锡曾经对“大数据”[85]进行定义，即数据量超出了普通意义上数据库工具捕获、存储、管理和分析能力的数据集，而对“大数据”本身的固定的信息量标准却并没有加以限制。因为信息技术的发展一定会带来数据量的不断增加，所以“大数据”是一个动态的概念。

“大数据”在定义上还呈现多种关键的特征，较为典型的是“3V”特征，即规模（volume）、多样（variety）、速度（velocity）[86, 87]。其中，规模指的是数据采集与处理的数量级，多样指的是数据的异构性，而速度指的是数据处理的速度[88]。

对应在足球比赛表现分析场景中，这种概念和属性有着以下的表现形式：①规模与足球比赛数据集的大小相关。以 Amisco Pro 系统为例，其在比赛中以25Hz/s 的频率追踪记录场上所有球员、裁判员、足球的运动轨迹和空间位置信息[34, 89]。这种纳入位置数据信息的数据集通常使用可扩展性标记语言 XML 来进行编码，数量级在70~300MB 之间。而存储职业联赛一个赛季的位置信息、指标数据以及视频信息往往需要400GB 的内存容量[56]。用常规的表格软件（Excel）处理这些数据并不是最好的选择，所以大数据技术会提供特殊的用户界面或者数据端的应用程序接口（Application Programming Interface，API）。②多样性与不同的数据形式、数据来源相关。根据数据结构可以细分为结构化数据、半结构化数据和非结构化数据[90]。在比赛表现分析系统中，结构化数据具有明确的预定义，并能够在关系化数据库系统中进行简单的导引和搜索。相反，半结构化数据和非结构化数据往往不具有预定义的构架设计，如视频数据、即时通信数据等[91]。根据数据形式和来源可以分为与技战术表现相关的运动标注数据、与体能表现相关的追踪数据和与心理相关的问卷反馈数据等。不同的数据结构、形式都有着不同的处理方式，大数据技术提供了这种特殊的整合解决方案。③速度特征描述的是数据处理速度。教练员在比赛过程中常常需要结合实时表现数据进行执教决策。这对数据采集和处理的时效性提出了挑战。在数据指标的采集程序上，足球领域已经逐渐实现了半自动化或自动化。而在数据的分析与解读上，越来越多的分析方法与算法模型融入了计算机系统的前端设计中，这提高了教练员的决策速度。

二、大数据驱动下的足球比赛表现分析

对运动员在比赛中的运动表现进行分析已经成为职业足球俱乐部中的常规工作程序，而这其中的核心是数据的收集和处理[55, 92]。无论是足球专家还是数据专家，都一直在寻找最有效率、最准确的比赛表现数据收集方式和处理方式[62]。美墨尔特和赖因[93]结合大数据理论提出了足球比赛表现分析的四个发展阶段（见图3–2）。

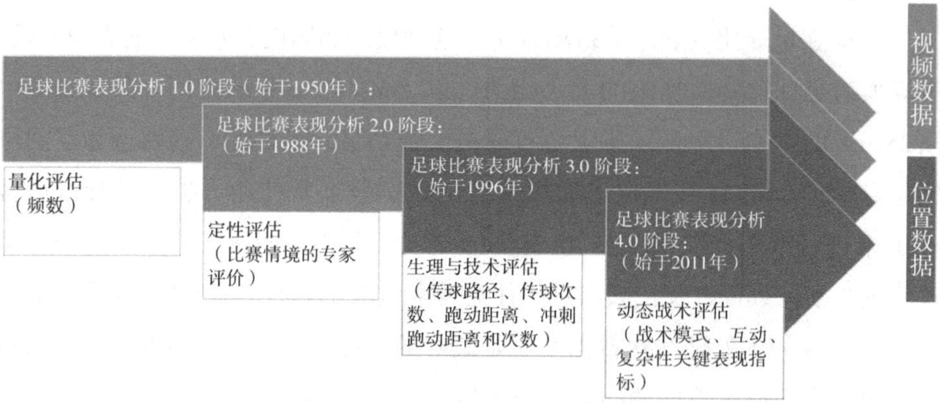

图3–2　大数据驱动下的足球比赛表现分析的四个发展阶段

1950年，足球比赛表现分析步入1.0阶段。手工标注系统的产生使比赛事件和行为的发生频次得以被记录。运动表现分析师开始量化球队和球员在比赛中的表现行为，并进行描述型分析。

在1988年，足球比赛表现分析进入2.0阶段。随着视频分析技术的兴起，

大量教练员、分析师等一线从业人员参与了比赛表现的定性分析，越来越多的比赛表现指标被开发和定义。不同类别的手工标注系统的融合与发展，使采集的比赛表现数据更加丰富。运动表现分析师也逐渐意识到了不同的比赛情境对比赛表现行为的影响。

1996年，足球比赛表现分析进入3.0阶段，比赛中的技战术表现信息逐渐丰富，采集流程逐渐升级为半自动化和自动化。运动追踪设备的应用颠覆了比赛中体能表现的分析方式。足球比赛表现分析进入数字化时代[94]。

2011年，足球比赛表现分析进入4.0阶段，运动追踪技术为复杂、动态的比赛表现分析创造了条件[95]。通过实时、精确的场上位置数据，球员在场上的时间－空间信息被自动记录[96]，而据此衍生出来的团队表现指标常常被用来描述比赛中的复杂战术行为与关系[93]。

可以预见的是，随着数据来源的不断丰富，对比赛表现的认知会越来越深入。这就会出现数据量级越来越大、历史数据越来越多、数据结构与类型越来越复杂等问题，我们应从大数据理论的规模性和多样性特征出发，对足球比赛表现数据的应用价值进行深入挖掘。

第四节　复杂系统理论

一、复杂系统理论基础

一个系统的复杂性是由其组件数量和组件之间接口的复杂性、条件分支的数量和复杂性、嵌套的程度以及数据结构的类型等因素决定的。复杂性理论表明，大量的组织单元可以进行自组织聚集，并存储信息和参与集体决策。复杂系统是指内部许多不同组件之间存在多重交互的系统。

在科学研究中，复杂系统用来描述现象、结构、聚集体、有机体或者问题，并普遍具有以下共同的特质：①它们的本质是错综复杂或难以区分的；②它们很少是具有完全确定性的；③评价这些系统的数学模型通常很复杂，并且涉及非线性、不适定或混沌的行为特征；④存在突现行为[97]。

复杂系统理论最早应用于人体运动模式的研究，并主要集中在个人动作控制和学习领域。凯尔索[98]曾经使用自组织、集体变量、控制参数或亚稳态的概念对人体姿势控制和四肢运动进行分析和建模。此类评估往往把人体看作一个整体，并适用于评估个人项目的运动表现分析。同时，不同个体之间的协作行为中也表现相似的复杂性[99]。主要的区别在于，个体与个体之间产生动作行为的过程是不受脑神经网络结构支配的。这种用于理解人类协作行为的原理也可以应用于团队运动行为的研究中，并能够在复杂运动模式中观察到动力学行为特征，例如篮球、足球运动中球员之间的战术关系。

二、足球比赛中的复杂系统理论

在足球运动场景中，我们可以观察到的复杂系统包括运动员个体、团队、比赛等研究主体。其本质都是由结构和功能上异质部件组成，它们以不同的强度跨越不同的时空尺度进行信息性或者机械性相互作用的活动。生态动力学理论强调了相关的现实环境对运动员的重要影响，特别是物理环境的“可供性”，或者环境所提供的真实、可感知的行动机会[100]。竞技比赛和训练对抗中的决策过程不再被视为存储在大脑中的程序，而是被解读为由于运动员与随机变化的环境之间相互作用而产生的自组织过程[101]。但训练环境中球员的行为活动毕竟处于控制情境下，仍然存在生态效度不高的问题。所以，比赛环境更能反映球员、球队的客观、自然的复杂行为模式。

在足球比赛中，球队内部和球队外部的动作行为都是通过追求一个共同的目标而形成的。即防守方希望阻止对手得分，而进攻方则试图打破防守方的防守阵型[102]。围绕着这个目标，球队、球员的表现行为存在耦合振子的物理现象。这种现象可以是团队内部互相振动，也可以是团队之间互相振动。如图3–3所示，4–4–2阵型和3–5–2阵型中每个球员与其临近球员之间都存在某种水平或者垂直的关联，这说明球员的战术选择会对其战术体系中的临近球员的行为产生直接影响，无论是横向还是纵向，球员相互之间也出现了自组织和人际协调的趋势[103, 104]。这些也可以称为“二元体”，二元体根据比赛中球权的变化而不断形成或者被破坏[102, 105]。例如，中后卫会影响边后卫、中场球员和守门员；进攻者通常仅对中场球员产生互动影响，而根据比赛的动态变化，可能也会随时影响边前卫的战术行为。这就是团队内部的振动耦合。此外，对阵双方之间也存在相互耦合现象。例如，球队的前锋在与本队球员形成内部耦合的同时，往往又与对方的后卫形成振动耦合关系，这种振动耦合关系随着球权的变化而变化。

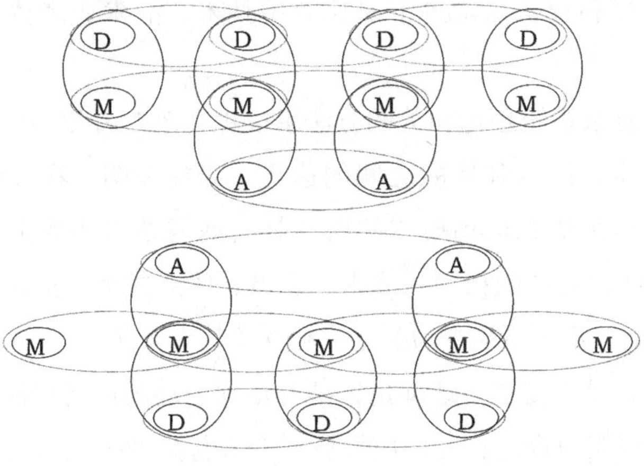

图3-3 比赛对阵双方内部耦合现象示例[102]

注：球队1（上）使用4–4–2阵型，球队2（下）使用3–5–2阵型。D表示后卫，M表示中场球员，A表示前锋

从球员的角度来说，在比赛中，他们会根据其他球员及足球的位置、运动轨迹和速度做出相应的行为决策。格莱海因、鲍彻和大卫[106]曾提出，持球人可以通过出其不意的进攻行为直接摄动比赛中已经稳定的比赛节奏，破坏已经形成的进攻–防守的二元体结构，打破比赛中的平衡。杜阿尔特、阿劳约、伽兹姆巴等[107]曾提出，球员相互之间的位置或与人际关系有关的控制参数会对球员在进攻–防守二元体中的决策产生影响。这说明这种团队内部和团队之间的互动将对比赛进行重新定义，并导致比赛结果不可能被准确地预测。所以教练员的挑战是如何训练球员、球队，使他们的行为适应不断变化和不可预测的动态比赛环境。

由此可见，足球比赛是具有复杂性、自组织性、非稳定性、高度动态特征且难以预知的复杂系统[108]。目前，复杂系统理论中的网络科学、生态动力学以及协同动力学手段已经成功应用于足球运动表现分析中。从具体的应用方法上来看，传统的战术表现分析方式往往采用无向频率类数据，具有离散型特征，在一定程度上割裂了球员与球员之间的战术关系。而复杂系统的研究方法，通常需要比赛中球员与球员、球员和球的位置信息才能进行分析，具有时间和空间特征的位置追踪数据很好地解决了这一问题[109]。利用这些方法，研究人员和教练员增进了对比赛中技术、战术或者体能表现行为的理解。

同时，与复杂系统理论相关的方法手段也在改变着相关变量的定义，并不断地模糊技术、战术和体能之间的边界。研究表明，在各种规模和类型的运动中，自组织协调运动模式的出现都会削弱技术和战术之间的现存边界[110, 111]。足球比赛中的技术、战术、决策、体能或生理活动，甚至是比赛地点等情境因素，都不再被视为孤立或独立的某个方面。

综上所述，基于复杂系统理论，结合足球运动的项目特征，设计足球比赛表现分析的应用研究，首先，应摆脱对个人行为的孤立分析，关注比赛表现内部的耦合振动关系；其次，应对足球比赛中的技术、战术和体能表现进行综合分析；再次，应充分考虑环境条件对球队比赛表现行为的影响，探索“运动员 - 环境”系统的非线性行为特征；最后，在解决位置数据可得性的基础上，应对足球比赛中的复杂战术行为与互动关系进行探索性研究。

第五节　情境效应理论

基于复杂系统理论中的“运动员 - 环境”系统，足球比赛被解读为球员与随机变化的环境之间相互作用而产生的自组织过程。在足球运动中，讨论较多的是足球比赛系统中的情境效应。情境效应的产生受到了不同情境因素的影响。情境因素指能够对运动员、运动队的运动表现产生影响的条件变量[57]。对应英文中的“situational variables”或者“contextual factors”。有效的足球比赛表现分析应该考虑到多种情境因素对球员、球队行为的潜在影响，不能进行孤立的分析与解读[112]。如表3–1所示，足球比赛分析中常见的情境因素包括比赛场地（主客场），对手质量（赛季终排名），比赛结果（胜、平、负）和比赛时段（上、下半场）等[57, 113–115]。

表3–1　足球比赛中常见情境因素

情境因素	示例
比赛结果	胜、平、负，胜、非胜
比赛地点	主场、客场
球队质量	本队质量、对手质量和双方质量差异（依据排名划分）
比赛时段	上、下半场，15min时段
不同赛季	依据不同赛季周期划分
不同级别赛事	顶级联赛、次顶级联赛、业余联赛等
不同阵型	4–4–2、3–5–2、4–3–3等
场上位置	前锋、中场、后卫，边路位置
不同月份	依据赛程进行阶段划分
打法风格	控球打法、直接打法等

注：根据沙曼托、马塞利诺、安格拉等[48]和卡斯特利亚诺、布兰科、阿尔瓦雷斯等[112]的研究成果进行编制。

一、比赛地点

比赛地点是对球员和球队比赛表现影响较为显著的情境因素之一[116, 117]。贾米森[118]曾经利用Meta分析进行实证研究，发现主客场情境所产生的主场优势存在于各类运动项目的比赛中。无论是个人项目还是团队项目都存在这种影响。但对于足球项目来说，这种影响似乎最大。表3–2显示了不同运动项目的主场优势情况。主场优势被量化为主队赢得胜利占所有比赛场次（或总积分）的比例，或在纳入平局积分的条件下占总积分的比例。

表3-2 不同运动项目的主场优势[119]

运动项目	联赛	地点	比赛样本	主场优势
棒球	美国职业棒球大联盟（MLB）	美国	12 145	54.7%
篮球	美国职业篮球联赛（NBA）	美国	6 150	59.9%
橄榄球	美国职业橄榄球联赛（NFL）	美国	1 280	56.8%
冰球	北美职业冰球联赛（NHL）	北美	6 150	54.1%
足球	美国职业足球大联盟（MLS）	美国	1 176	62.7%
足球	英格兰足球超级联赛（EPL）	英国	1 900	61.8%

职业足球联赛中，主队的领土意识和对球场的熟悉度是造成这种主场优势的主要原因[119, 120]。首先，由于球员对于其所属俱乐部及其地理位置存在强烈的归属感，面对外来球队的挑战会产生一种天然的领土保护意识，并且由于长期的驻训，主队对主场场地的适应与熟悉程度要高于客队。其次，比赛中主队球迷的助威也会对裁判员的判罚产生一定的影响，而这种影响的结果是裁判员的判罚常常会更加偏向主队[121, 122]。此外，比赛积分制度也可能对主场优势产生影响。现代积分制度中，比赛胜利得3分、平局得1分、失利得0分，球队需要与对手打平3场比赛才能获得与单场比赛胜利相同的积分，因此这种制度强化了球队赢得比赛的动机[116]。一般来说，主场作战球队往往在进球与进攻相关指标上高于客场作战球队，而在防守指标上低于对手[123-126]。当然，形成主场优势的原因较为复杂，受到上述所有因素以及其他多种潜在因素的影响。这些因素导致了球队在主场拥有更大的动力去赢得更多比赛[120]。有证据表明，主队在比赛中有着更少的犯规和丢球次数，并伴随着更高的控球率及更多的进攻行为（如进球、射门、传球等）[127, 128]。

二、球队质量

教练员在进行比赛战术部署时，首要的任务就是分析竞争对手的优劣势，并结合球队自身实力进行有效的比赛战术部署[81]。无论是球队的体能表现还是技战术表现，球队质量都对比赛表现产生不同程度的影响[57, 129, 130]。此外，有研究显示，对手质量对球队在比赛中的技战术表现的影响往往超过了来自比赛场地和比赛结果等其他情境因素的影响[131]。例如，相较于面对中等排名和较低排名的对手，在面对较高排名的对手时，实力较弱的球队会表现出更少的控球率、更少的射门和攻入进攻三区的次数[115]。

本队质量和对手质量在情境因素理论中常被称为“球队质量”。较为普遍的方法是根据球队赛季终的排名来对球队质量进行划分，但具体的水平分层方法则有不同。例如，有成功球队与不成功球队的划分方法[132]、强队与弱队的划分方法[115]、不同层级梯队的划分方法[133]等。

三、比赛结果

在足球运动表现分析过程中，我们应该重视理解和评价运动行为与运动表现结果之间的联系。足球比赛的目标是获得比赛胜利，避免失败。作为情境因素之一的比赛结果也是评价球员、球队比赛表现的重要变量[57, 134]。在体育运动中，比赛中的比分状态与最终结果可以看作衡量成绩的标准，同时也不断影响着运动员的努力程度[135]。这种重要性体现在球队和球员根据比分状态做出的比赛行为与策略变化上[115, 136]。对于足球或橄榄球等比分较低的团体运动项目，在分析过程中需要考虑三种不同的比赛结果状态（获胜、失利或平局）。当然，也有大量研究成果仅考虑获胜和失利两种比赛结果状态[137]。

通过对不同结果的比赛表现进行分析，我们可以找到与比赛获胜或失利有着积极内在联系的关键指标，最终探索球队比赛表现的制胜因素和关键特征。球员与球队的比赛表现行为也随着胜负关系的变化而呈现不同的特点[129, 138]。有研究证明，球员在获胜时的高强度跑动行为要比输球时的更少[113, 139]。这说明赢球一方的球员在比赛期间不是总处于最大运动强度的状态。比如，球队获胜时，球队整体会处于一个舒适的状态，球员之间可能会采取控球策略，减缓比赛的节奏并降低控球速度[134]。相对应的，失利一方的球队往往在比赛中为了获得平局或胜利而呈现更多的最大运动强度跑动和更少的低速跑行为[129, 139]。

四、其他情境因素

比赛时段的情境效应主要集中在对球队、球员上、下半场的比较分析中[140, 141]。当然也有研究针对更为具体的时间段，例如，开场15min和终场前15min的表现分析，或者是全场各15min时间段的表现分析[70, 142]。在体能表现方面，球员在上半场的体能消耗会导致下半场跑动指标的下降，并且其下降以总跑动距离为主。关于上半场体能消耗对下半场体能表现的影响已经被大量研究[140, 143, 144]。在技战术方面，拉匹尼尼、因佩利泽里、卡斯塔尼亚等[63]发现球员在下半场时结合球的活动有所减少，有着更少的短距离传球和更低的短传成功率。

针对不同位置的比赛表现分析研究主要集中在球员个人而非球队层面。根据不同的研究目的，球员位置的划分形式也不同，如前锋、中场、后卫[145, 146]；前锋、中场、边前卫、中后卫、边后卫[147, 148]；等等。不同位置上的球员，由于战术角色、体能水平的不同，其运动表现特征也存在着相应的差异。例如，中场球员在比赛中的总跑动距离要明显高于防守球员和锋线球员[66, 89]，而在冲刺距离上，前锋、中场球员和后卫三者之间都存在显著的差异[149, 150]。从实践的需求出发，教练员在设计训练项目时需要根据不同球员位置的相关职能与战术需求进行针对性设计。

此外，情境因素还包括不同赛季、不同级别赛事、不同阵型、不同月份、不同打法风格等。根据研究目的与需求，我们选择相应的情境因素对比赛表现进行客观解读。

情境因素的重要性体现在球队和球员在应对不同比赛情境时表现行为的变异上。虽然情境因素仍未普遍纳入数据收集或比赛报告中，但它对教练员的执教实践影响重大[44]。确定不同情境因素对比赛表现的影响，尤其是在受到不利影响的情况下，可以提前在比赛准备中进行相应的战术策略调整，以保持球队比赛表现的稳定性[115, 151]。

第四章　足球比赛表现分析的技术手段与原理

第一节　足球比赛技战术表现分析的技术原理

足球运动表现分析的发展主要得益于早期运动标注分析技术的应用，尤其是在技战术表现分析领域中，标注分析方法学与可靠性检验被广泛讨论[31, 39, 79]。弗兰克斯和米勒[20]曾经发现，在比赛执教场景中，高水平职业足球教练员只能回忆起30%~40%关于比赛表现的关键事件与要素，而且准确率较低。早在2004年，布拉兹、阿特金森、哈伍德等[152]对英格兰足球超级联赛多名主教练进行问卷调查和半结构化访谈时发现，10名主教练中有9名使用手工标注分析或者计算机标注分析来对比赛表现进行记录与分析。类似的调查结果也出现在格鲁姆和库什[40]的研究中。

本章将对足球技战术表现分析的应用技术原理进行深入探索与系统性评价，对不同分析技术与工具的技术原理、优劣势与应用场景进行分析，为技战术表现分析实践应用提供有针对性的科学化的参考依据。

一、手工标注分析原理

从原理上来看，团队运动项目标注分析的核心是四类指标信息的采集，即位置、球员、事件或行为（结果或频次）和时间[34, 79]。一般的手工标注系统只会用到两类或三类指标信息，即以位置、球员和事件或行为三类为主，而时间信息相对粗略。而体能表现分析中因涉及速度、跑动工作量等指标的统计，所以会更多地与时间信息进行关联，尤其是较为精细的时间信息[153]。

通常来说，手工标注系统最常使用的采集方法是用纸和笔来记录，主要采用的标注形式包括频数表、散点图（scatter diagrams）和序列系统（sequential systems）三种[7]。

频数表常被用来记录不同比赛行为的数量，同时包括指标类型和技战术行为的结果等信息，也是较为常用的手工标注分析工具之一。如表4-1所示，其优势是运动表现分析师能够在比赛过程中和结束后的很短时间内将分析结果提供给教练员团队；劣势是它只能获得各类指标行为的总数，而无法了解比赛表现行为的发生地点和各行为之间的时序信息。

表4-1　比赛技战术行为的频数表（简易示例）

指标	成功	失败
过人	√√	√
传球	√√√√√√√	√√√√
向前传球	√√√√	√√√
抢断	√√	√√√
拦截	√	√√
空中争抢	√	√√
守门员扑救	√	
……	……	……

散点图常被用来在足球比赛场地同比例的缩略图上记录比赛行为。其优势是能够准确记录比赛行为的发生地点。虽然此类标注方式可以配合频数表格进行同步采集，但仍然较难获得比赛行为的发生时间、发生顺序等信息。早期的散点图往往不对缩略图进行场区划分。随着教练员对比赛表现信息需求的不断深入与细化，分析人员对散点图的场区划分也越来越细。为了探寻

控球区域对战术效率的影响，我们可以结合球员不同位置关系进行分区采集，常将足球比赛场地划为九个分区（见图4–1）。在进行比赛事件的记录之后，我们可以快速了解进球前的控球发起地点与比赛失误地点，并粗略地评估该位置球员的技战术表现效率。

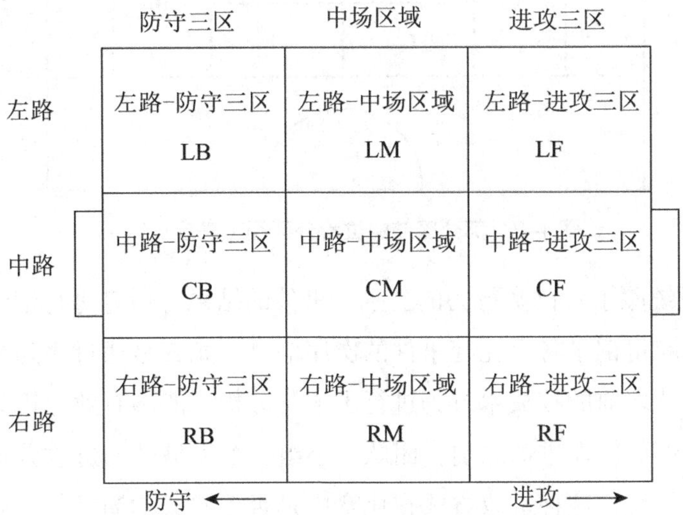

图4–1　足球比赛场地位置分区图（全场）

注：LF代表左边锋，CF代表中锋，RF代表右边锋，LM代表左路中场球员，CM代表中路中场球员，RM代表右路中场球员，LB代表左后卫，CB代表中后卫，RB代表右后卫。本图根据奥多诺霍[7]、休斯和弗兰克斯[79]关于“如何开发手工标注分析系统”的研究成果进行绘制

当然，对于手工标注分析技术，教练员很难要求分析人员将所有比赛信息都进行准确记录。所以，结合教练员的个性化需求，分析人员常常针对更为具体的特定区域进行观察。以记录中路攻入对方禁区的次数为例，对禁区前的区域进行划分（见图4–2）能够记录传入禁区的传球发起点和接球点，再结合比赛行为的结果与次数对技战术效率进行综合评价[36]

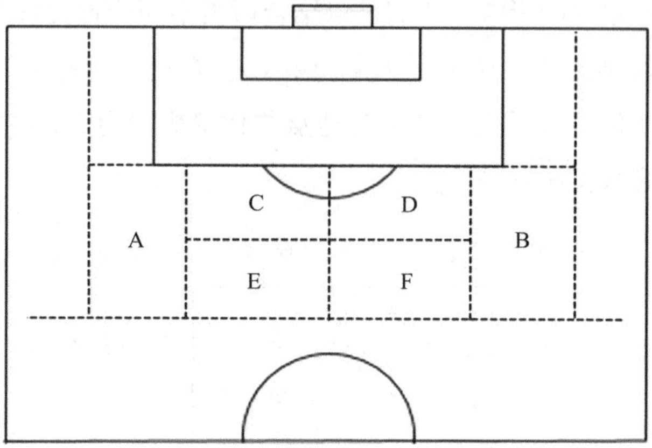

图4-2　部分区域的位置分区图（进攻三区）

序列系统除了对比赛行为的类别、事件的结果等信息进行记录外，更重要的是能够获得记录各个比赛事件的次序信息，尤其是通过序列系统对在关键技战术事件之前的技战术行为进行了解与分析，能够有效分析关键事件的产生机制。例如，在进球之前，团队、小组、个人呈现的进攻方式是否增加了进球的可能性，这种进攻方式在比赛中是否多次成功演绎等。此外，更为复杂的序列系统会纳入时间段的因素，例如，半场、15min 时段或者仅为开场15min 和终场前15min 时段。英格兰足球总会原技术总监霍华德·威尔金森曾经为英国青少年国家队开发过类似的标注分析系统[36]（见表4-2）。但此类基于序列系统的标注方式对于比赛事件在场上的准确发生位置仍然较难获知。

表4-2　足球比赛分析的时序系统（攻入进攻三区）

球队 A						时间 / min	球队 B					
Entries	C	F	T	X's	Strikes		Strikes	X's	T	F	C	Entries
						1						
						2						
						3						
						4						
						……						

注：Strikes 代表进球；X's 代表传中；T 代表掷界外球；F 代表任意球；C 代表角球；Entries 代表攻入进攻三区的次数。

在实际操作中，根据教练员的需要，运动表现分析师会将多种标注形式混合使用。以散点图为例，大量的实践操作都会结合频数表格进行综合采集。信息一旦被收集，就需要利用相应的数据分析工具进行再次分类统计，较为简单常用的是微软办公套件的表格工具[7]。

手工标注分析系统简单易行，可以即时根据教练员的个性需求制定相应的采集策略，且经费成本较低。但相对而言，采集的人工成本较高，尤其是面对较大的采集工作量时，手工标注也存在一定的误差。同时，手工标注分析技术早期也被应用于体能表现的分析，但由于人工成本较高和可采集信息有限，逐渐被光学追踪和可穿戴设备所代替。视频和计算机分析技术有效地对人工采集流程中的常见问题进行了智能化计算和逻辑处理，对教练员的科学执教起到了重要的助力作用。但不可否认的是，手工标注分析技术为以视频和计算机技术为基础的比赛技战术分析系统的发展提供了良好的技术开发与参考基础。至今，手工标注分析技术仍然能够为教练员提供有价值的表现信息，尤其是对于预算有限的基层教练员及在没有专业分析人员和智能工具辅助的情况下。当然，仍要注意指标的操作定义、分析人员的采集经验、采集工作量、采集流程的复杂程度、各指标内部的逻辑结构与关系等因素对此类系统信效度水平的影响。

二、计算机标注与视频分析原理

随着科学技术的进步，技战术表现分析不断被智能化赋能，球员和球队的比赛表现行为不断被测量与解读[44, 48, 56]。在定量分析方面，标注分析系统一般会收集包括技术事件频次、行为结果和位置追踪等信息。在手工标注分析的基础上，计算机化的标注分析系统逐渐能够挖掘更多的表现信息。

首先，在计算机标注分析系统中，比赛事件和球员信息是分析人员最为基础也是最先采集的内容。不同的标注分析系统对比赛事件的分类和定义存在着一定的差异，所以分析人员在采集之前通常需要在认知层面针对指标操作定义进行培训[31, 154]。分析人员一般会用球衣号码来代表球员信息。一般来说，计算机标注分析系统会被设计为用快捷键（键盘或者鼠标点击）来进行录入。市场上很多计算机标注分析系统都采用这种最为基础的标注分析方式。以 OPTA Client 系统为例，该系统采集操作界面用不同的快捷键来进行不同比赛事件的标注，并结合数字键盘对球员信息进行录入。而相关事件的时间轴和次序信息，计算机则会同步自动生成[155]。

但此类计算机标注分析系统并不能对位置空间信息进行采集。这在一定程度上会增加分析人员的操作难度与复杂性。通常拥有类似功能的计算机标注分析系统都会继续沿用手工标注系统中缩略图分区的方式以避免人工采集误差。Nacsports 系统的采集按钮模板纳入了九个分区的场区划分模式，这能帮助操作人员在标注的同时获得事件的位置数据。借助此类位置数据，计算机标注分析系统还能够对比赛表现进行二维动画的重构，模拟场上战术行为。

在整个采集过程中，分析人员一般会借助采集系统之外的比赛画面进行系统操作。有的分析人员在比赛现场进行直接的观察与录入，这种采集方式的好处是可在赛中、中场休息或者赛后即刻获得比赛数据报告[41]。也有的分析人员用一台电脑专门播放比赛转播画面，用另一台电脑进行采集。这两种采集方式都需要切换不同的分析场景，对分析人员的要求较高，相对的误差也较大。

从定性分析的层面来看，越来越多的计算机标注分析系统融入了视频分析环节，从而提高了比赛表现分析的质量[42]。比赛视频片段往往能够展现数据指标本身无法体现的运动表现信息。运动表现分析师需要根据教练员的需求，对比赛视频进行标注分析[41]。他们在比赛中、中场休息以及赛后都可以即时对比赛视频片段进行剪辑，并对关键场景画面进行标记与作图分析。这种直观实用的操作方式，使视频分析工作成为职业足球执教环境中不可或缺的一环[40, 41]。

早期的计算机标注分析系统的录入仅基于键盘或者采集界面快捷键，在随后的发展中，越来越多的计算机标注分析系统将视频分析纳入采集界面。而视频分析和计算机化标注分析之间有效的结合使比赛表现分析的实践应用更为准确清晰，并已经成为目前足球市场上大部分比赛表现分析系统的重要技术基础。目前，包括 Dartfish、Sportscode、Nacsports、Focus X2、Prozone Match Viewer 和 Amisco Pro 等在内的足球比赛表现分析系统都采用了类似的采集方式。

视频分析的纳入可以使分析人员在操作的同时，利用时间编辑轴对重要比赛时段进行剪辑与提取。帮助分析人员在标注的同时回看关键的比赛场景，进而避免误差的产生。对于教练员而言，重要的是能够对关键比赛场景的视频片段进行多次观察与分析[36]。以 Sportscode Elite 分析系统为例，该系统融入了同步视频剪辑、标注分析功能，其优势是能够高效地对比赛视频进行同步剪辑与归类。此外，不同于其他固定或有限指标的操作系统，有着特定需求的教练员还可以对该系统中的表现指标进行自定义添加与调整。

此外，在采集录入的形式上，计算机标注分析系统也对常规数据录入进行了多方面的改善与提升，融入了多种采集方式。除了常用的鼠标与键盘快捷键之外，还包括触屏设备、语音识别和逻辑编码等方式[36, 156]。其中，Amisco Pro 系统采用语音识别技术对球员的个人信息和比赛行为进行录入，避免了因为寻找快捷键而消耗时间。研究显示，对整场比赛进行采集时，用语音识别的时间比用鼠标快捷键的时间减少 10%~20%[34]。但是，需要注意周围环境对采集质量的影响。当然，在计算机标注分析系统中，并不是所有的指标项都需要操作人员进行逐一采集操作。借助逻辑编码与关联识别等方式，该系统可以对基础的指标信息进行位置与球员等来源方面的辨别，从而推导出新的数据指标。以 Champdas Master 系统为例，在采集传球表现行为时，在球员 A 传给同队球员 B 之后，借助快捷键的录入，可以判别球员 A 的传球行为是否获得了成功结果。分析人员利用缩略图界面进行定点标记可以获得两名球员的所在位置数据，从而可以推断该传球属于哪一类别，其数据包括该传球的场区、方向、角度和长度等信息[157]。

在职业足球环境中，运动表现主管、教练员和研究人员已经在高频率地使用计算机标注和视频分析技术与工具。虽然计算机标注分析系统对采集过程进行了自动化和智能化的改造，逐步实现了部分指标的半自动化和自动化追踪采集，但不可否认的是，关于技战术表现类指标的数据采集目前仍然无法完全摆脱手工标注。所以此类视频和计算机标注分析系统也常常被称为“半自动化计算机比赛表现分析系统”。此外，无论是计算机分析还是手工标注，在进行正式比赛的采集之前，对分析工具的信效度检验都是非常有必要的[12, 158]。目前，一些被广泛使用的比赛分析工具的准确性和可靠性已经过了验证与测试，如 Amisco Pro[62, 159, 160]、Prozone[62, 161, 162]、Sportscode[5, 163, 164]、OPTA Sportsdata[155]、Dartfish[165–167]、Nacsports[168]以及 Trak performance[169–171]等。

三、小结

手工标注分析为整个足球比赛表现分析的发展奠定了技术理论基础。核心原理主要是基于四类指标信息的采集，包括位置、球员、事件或行为（结果或频次）和时间。在此基础上，计算机标注分析系统逐渐融入了视频分析、采集快捷键、语音识别、逻辑关联和自动化运算等多种技术，对手工标注分析的流程进行了升级简化与逻辑重构，并能够挖掘更多常规指标以外的数据信息。球员和球队在比赛中的技战术表现行为被大量研究与解读，这对教练员的科学执教起到了重要的助力作用。

当然，这背后仍然需要智能数据算法的不断优化与完善，即在最大化减少人工误差的前提下对数据信息进行延展与开发。但不可否认的是，关于技战术表现类数据信息的采集，目前仍然无法完全摆脱人工操作，所以需要考虑分析工具信效度水平对数据质量的影响。

第二节 足球比赛体能表现分析的技术原理

20世纪70年代，体育科学家们依靠人工操作开始了对足球运动员比赛体能表现的标注与记录。20世纪90年代末，光学追踪技术在职业足球领域中得到了快速的推广与应用。今天，被广泛应用的是可穿戴设备与不断被优化的光学追踪系统。国际足球联合会理事会（International Football Association Board，IFAB）于2015年修改了足球竞赛规则，允许在正式比赛中使用基于不同技术的运动追踪系统，尤其是可穿戴设备。但是否可以使用此类可穿戴设备的最终决定权仍在于各会员协会、职业联盟等主管机构。英格兰足球超级联赛作为先行者，率先在2015—2016赛季允许球员穿戴此类设备。

近年来，越来越多的专家与学者反复强调高水平足球比赛中体能表现与比赛结果的重要联系，并对球员体能表现的要求越来越高[64, 172, 173]。球员在比赛场上的运动行为数据与特征也为个性化、科学化的专项训练提供了有效的参考依据，同时在战术层面也能够提高个人竞技表现并降低受伤的风险[65, 174]。以上所述的各类追踪方法构成了目前精英足球领域中体能表现分析的重要技术基础[55, 153, 175]。

本节对足球体能表现分析的技术原理进行深入探索与系统性评价，对不同分析技术与工具之间的理论基础、优劣势与应用场景进行分析，为体能表现分析的实践应用提供有针对性的科学理论依据。

一、手工标注与编码技术原理

在运动表现分析学科发展初期，足球比赛表现分析中的体能部分通常使用手动标注和编码工具，对场上的球员进行“时间 – 动作”分析，即在按照比赛场地同比例缩放的平面图上简单地追踪球员的场上动作，估算该球员所覆盖的跑动距离。显然这种记录方法存在着较大的误差。随后，赖利在1976年使用视频录像技术，同时结合预先设置的不同跑动强度下的个人运动特征，对足球比赛中球员的动作行为进行归类，并通过预置标记的时间以及对应的距离来测算场上球员每一次位移活动的速度。邦斯伯、内勒高和索尔素[176]在1991年借助手动记录或录音带录音的记录方式，同时配合带有节距标志的场地缩略图与场地边界的指示线索对距离和运动强度进行主观评估。以上这两项研究奠定了利用手工标注与编码技术分析足球比赛球员体能表现的基础。

手工标注与编码技术在现代足球比赛表现分析研究中仍然被频繁地使用，利用该技术采集到的数据也被证明是可靠的[177–179]。此类技术的最新发展包括 Observer XT 行为分析软件和 Trak performance 系统。Observer XT 是一种基于比赛事件记录与视频分析的计算机软件，用于捕获、分析和呈现观察到的数据。布洛姆费尔德动作分类体系被使用到该软件中，用于分析在职业足球比赛中观察到的各种行为、动作和特定的踢球活动（见表4–3）。该动作分类体系也成为目前足球体能表现分析中指标设立的重要依据[69, 180, 181]。而 Trak performance 软件是在同比例缩放的场地或球场图上，使用鼠标笔和平板电脑来机械地追踪训练或比赛中某一个球员的体能表现行为。同样，该软件也利用球场周围的地面标记和线索作为追踪球员行为的参考点。经过缩放并校准过的比赛场地能够让计算机借助鼠标或者鼠标笔追踪到球员的线性跑动距离。尽管这种记录方式需要操作人员具有较高的技术水平与丰富的操作经验，但在与其他追踪方式进行比较时，其仍然被证明能够实时准确地进行动作分析[169]。

表4–3　布洛姆费尔德动作分类体系[69, 181]

项目	动作分类	描述修饰
1. 时限性	**行为：** 冲刺跑（A+B），跑动（A+B），侧滑（A+B），跳跃（A+B），慢跑（A+B），步行（A），静止，减速（A+B），跳跃（C），着陆，假摔（D），滑动（D），摔倒，起身（B） 初始化通道： 开始观察	**方向（A）：** 向前，向前斜向右、向左 侧面向右、向左，向后 向后斜向右、向左，弧形 向前左向右、右向左，弧形 后退左向右、右向左，弧形 侧面向右、向左 **强度（B）：** 低，中，高，非常高 **跳（C）：** 垂直，向前，向后，侧向（E） **冲（D）：** 脚先，头先
2. 瞬时性（非时限性）	**其他的运动：** 停止（B），突然变向（E），撞击（F+B） **转向：** 0° ~90° （E） 90° ~180° （E） 180° ~270° （E） 270° ~360° （E） >360° （E）	**转向（E）：** 右、左 **类型（F）：** 推，拉，被推，被拉，其他 **控制（G）：** 右脚、左脚，头，胸部，大腿，其他 **传球、射门（H）：** 长空中球，短空中球，长地面球，短地面球，其他

续表

项目	动作分类	描述修饰
2. 瞬时性（非时限性）	**结合球的运动：** 接球（G），传球（H+I），射门（H+I），运球（J+K），抢断，花式，其他	**方式（I）：** 右脚、左脚，头球，脚跟，过顶，其他 **运球（J）：** 开始，结束 **触球（K）：** 开始，1~3次，4~6次，7~10次，>10次

另一个应用手工标注与编码技术的代表是CAPTAIN系统。该系统是由英国卡迪夫城市大学研发的“时间－动作”通用集成分析计算机系统，该系统可以定制使用9种不同的动作分类，其采集方式还是以手工编码记录为主，该系统于1998年经过了信效度检验。其技术原理主要是通过手工标注记录单个球员不同类型的动作，同时记录动作持续时间[182]。克拉克[183]在2010年利用该系统对20名英格兰超级联赛运动员的比赛动作行为进行记录与分析，并将动作行为分为站立、行走、后退（低强度）、慢跑（低强度）、跑动（高强度）、快速移动（高强度）、有球行为（高强度）7个指标。而对应采集到的数据主要包括动作次数（频率）、动作持续时间、恢复时间、比赛时间占比以及时序性数据等。由此可见，不同于其他手工标注与编码分析系统对于跑动距离的采集要求，该系统有效地提供了运动员体能表现与恢复状态的时序特征，尤其是足球、冰球等高强度间歇性运动，此类信息对于教练员是非常重要的[183–185]。此外，类似的系统还包括POWER、Simi Scout等[186, 187]。

在当前的电子信息时代，仍然不难发现手工标注与编码技术有着明显的劣势，主要包括劳动过于密集、耗时严重、难以具体量化、存在主观误差以及单次信息收集局限于某一个球员的表现分析等[34, 79]。而对比现在被广泛应用的全球导航卫星系统（GNSS）、本地定位系统（LPS）与光学追踪技术，手工标注与编码技术不能准确地量化球员移动速度之间的过渡变化，如不同速度区间的指标、加速和减速指标的记录与区分[31]。但不可否认的是，手工标注与编码分析系统操作较为方便又相对便宜，经验丰富的采集人员仍然可以提供可靠的数据信息，并且在很大程度上可以满足教练员对体能表现分析的需求。在条件有限的情况下，手工标注与编码分析系统为教练员、比赛分析人员提供了不可忽视的助力，至今仍然在青少年和低级别的联赛中被广泛使用。

二、光学追踪技术原理

20世纪90年代中后期，现代科学技术的发展极大地促进了足球比赛体能表现分析的发展，并逐渐代替了传统的纯手工标注与编码分析方式，实现了在比赛中自动化或半自动化地追踪球员的动作行为。其中应用较早也最为典型的分析技术就是光学追踪技术。此类技术系统利用多个高分辨率摄像机来完整抓取比赛场地画面，并确保所有观察目标、事件、瞬间都被记录。其中，场地按照长度、宽度和高度被校准并转换成二维的模型，通过摄像画面计算追踪目标的位置信息（X、Y 坐标）。基于直接线性变换（direct linear transformation，DLT）的方法，该系统从比赛视频画面中获取二维或三维空间坐标，其中运用了复杂三角函数、数学算法、物象变换等方法。同理，利用图像处理和滤波技术可以准确识别场上每个球员的位置数据[188]。

通常来说，比赛中视频追踪技术的核心是视觉处理过程。下面展示了基于两台摄像机的视频追踪技术的采集序列与完整路径（见图4-3）[189]。首先，将两台高分辨率的摄像机采集到的画面拼接，获得比赛场地的全部图像，并对视频画面中呈现的背景颜色和运动对象进行分割。随后，聚类提取目标区域，并使用颜色直方图等功能归纳图像特征与类别。光学追踪技术用球衣颜色、球衣号码的光学字符辨识以及跑动模式预测等支持信息来辅助进行动作识别，确保追踪的准确性[71, 190]。最后，对所识别的目标对象进行水平投影并进行追踪，每个球员、每个动作行为以及每个瞬间都被自动追踪。每一个追踪轨迹都会借助一个包含物理运动模型的卡尔曼滤波器（kalman filtering）进行稳定[191, 192]。

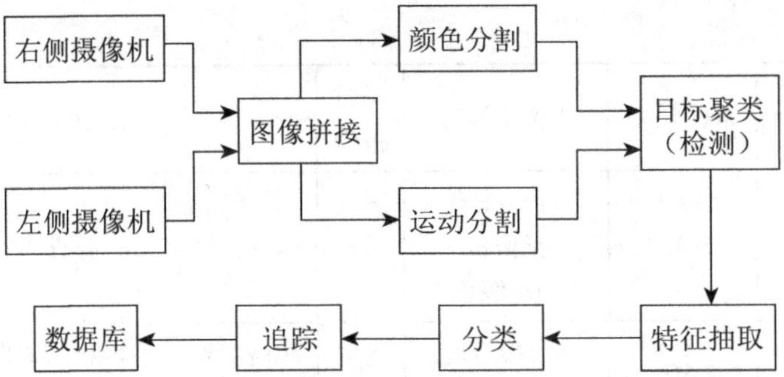

图4-3　基于两台摄像机的视觉处理过程示例[189]

光学追踪技术在职业足球领域的应用与技术发展也逐渐成熟。如表4-4所示，目前被广泛应用的系统包括Amisco Pro、Prozone 3、SportVU、TRACAB、Venatrack、Digital.Stadium VTS、Vis.Track等。

表4-4　职业足球中常见的基于光学追踪技术的体能表现追踪系统

软件名称	采样频率	摄像机装置	实时报告	信效度检验
TRACAB	25Hz	2台摄像机（固定装置）	是	林克[193]
VIS.TRACK	25Hz	2台摄像机（固定装置）	否	林克和韦伯[194]，西格莱、斯蒂文斯和拉姆斯[195]
Mediacoach	25Hz	8台摄像机（固定装置）	否	菲利佩、加西亚、罗密欧等[196]，庞斯、卡尔沃、雷斯塔等[197]
Prozone 3	10Hz	8~10台摄像机（固定装置）	否	瓦特尔、阿旦姆、巴里等[71]，哈利、洛弗尔、巴恩斯等[198]，因佩利泽里、萨斯和拉匹尼尼[199]
Amisco Pro	25Hz	6~8台摄像机（固定装置）	否	布鲁尔、卡林、大卫等[200]，罗德里格斯、克罗埃丝尔和布里[201]，兰德斯、穆吉卡、休伊特等[202]，苏维亚利加[203]
Digital. Stadium VTS	25Hz	4台摄像机（固定装置）	否	贝亚托和贾米尔[204]

续表

软件名称	采样频率	摄像机装置	实时报告	信效度检验
SportVU	16Hz	3台或6台摄像机（固定装置）	否	林克、林克和拉姆斯[205]
Dvideo	7.5Hz	4台摄像机（固定装置）	否	菲格罗亚、莱特和巴罗斯[206]，德巴罗斯、卢苏曼努、布兰茨考夫尔等[207]
Venatrack	25Hz	28台摄像机（固定装置）	是	莱德伍德布朗、克兰通和桑德兰[208]

其中，以 Amisco Pro 和 Prozone 3为代表的视频追踪设备，是最早应用于职业足球比赛体能表现分析的系统工具。该采集系统使用数台永久安装的摄像机或者多个移动摄像机来完成采集，并通过立体视觉技术和图片处理技术来追踪识别球员的动作行为。所有的比赛数据都可以现场实时采集，并在赛后由操作人员在12~48小时之内完成最终数据修正与处理。其中，Amisco Pro 系统通过装在球场的6~8台具有红外成像功能的摄像机记录比赛画面，能够在比赛中以25Hz 的频率追踪记录场上所有球员、裁判员、足球的运动轨迹，每场比赛能够产生450万个位置数据和2500个触球点数据[34, 89]。此外，Prozone 3的数据追踪解决方案需要在球场顶部安装8~10个数字摄像机，摄像机之间通过光纤与 CAT5e 电缆连接。所有的摄像机同时以10Hz 的频率将视频信息记录到一台配备专业视频捕获软件的服务器上（见图4–4），球员的位移和速度信息会被精准采集[71, 161, 209]。

但仍要注意到，Amisco Pro 和 Prozone 3追踪系统属于半自动化系统，并不能实现完全自动化操作，采集过程中必须借助人工进行校准与手动修正，尤其是针对比赛中发生的视频画面冲突情景，例如对角球或前场任意球发生时禁区内多名重叠球员的识别，对非比赛人员突然进入场地以及由于换人或伤退原因球员出入比赛场地等情景的修正[189, 210]。目前，此类追踪系统仍然需要人工干预的工作主要有：①系统设置与基础信息录入；②手动校准参照点；③机器学习算法的监督与管理；④球员个体的识别；⑤在人员拥挤或者其他环境遮蔽场景中分辨多个追踪对象等[189, 210, 211]。

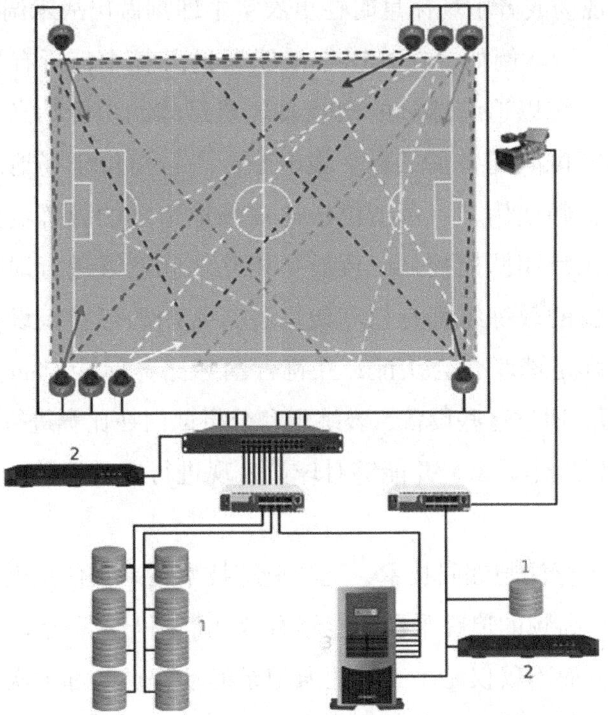

图4-4　Prozone 3追踪系统的采集流程与设备配置[71]

近年来，随着采集技术的进步，基于光学追踪技术的分析工具也逐步能够在比赛中实时为教练员提供体能表现数据与分析结果。目前，Venatrack 系统与 TRACAB 系统被认为是市场上为数不多的能够实时出具比赛报告的分析系统，并能够在数据采集过程中完全脱离人工操作[81, 208]。其中，Venatrack 系统利用视觉人工智能技术以25Hz 的采样频率实时追踪球员在场上的动作行为，其识别算法涉及对场上球员手、脚、头、骨盆和肩线的位置坐标信息（X、Y、Z 轴）。有效性测试表明，该系统对球员身份识别的正确率达到了98%，而对位置追踪的正确率也达到了98%[208]。TRACAB 系统由两个高清摄像机组成，能够将多个采集窗口中的球员动作进行无缝对接。该系统除配置了先进的图片处理技术外，还应用了战斗机空对空导弹的瞄准定位追踪技术与机器学习算法，这能够有效避免在球员移动、变向或者相互遮蔽的情况下丢掉追踪目标的位置信息，最终实现对比赛中所有球员和球的位置信息的实时获取[212]。这种实时分析的优势在于，实时的体能表现数据能够帮助教练员在比赛现场或者中场休息时在更衣室中即刻做出战术调整以及球员替换的重要决策[153]。例如，在2018年俄罗斯世界杯中，所有参赛球场都安装了TRACAB系统以追踪球员的比赛表现与足球的位置信息。国际足球联合会为每支参赛球队配备了三台平板电脑，一台由位于场地高处进行实时记录的比赛分析师使用，一台由位于比赛场地边线的教练员团队使用，而剩下一台则由医疗团队监控，三台设备相互之间能够进行即时通信。所有世界杯参赛队伍的教练组都有权利使用各自常用的可穿戴设备，当然这些设备需要被国际足球联合会认证，并符合国际比赛标准（international match standard，IMS）。通过这些设备，教练组和分析部门在比赛进行中建立了一种高效同步的新型工作关系，并能够对球员表现进行实时评估，进而实施执教决策。

相较于手工标注与编码技术，光学追踪技术在采集信息上有着天然的技术优势。第一，高频的追踪采样率能够有效地识别与区分运动员动作类型和实际速度阈值，而不仅仅是手工标注所记录的动作类型和频次。在自动化追踪设备出现之前，教练员曾经长期依靠各类跑动与肌力测试来判断球员的体能竞技水平。但是这种测试往往缺乏生态效度、脱离真实运动场景，得到的结果很难预测球员在比赛中的竞技表现[12, 209, 213]。在国际足球联合会于2015年7月发出《关于使用“电子运动表现与追踪系统”的通知》之前，甚至在之后的一段时间里，欧洲五大联赛以及大部分国家的足球管理主体都未完全放开在正式比赛中使用可穿戴设备的许可[55]。所以，在很长的一段时间里，职业足球比赛中体能表现分析主要依靠Amisco Pro、Prozone 3、TRACAB等基于光学追踪技术的系统。与此同时，也产生了大量的科学研究成果，包括近年来在顶级足球领域中广受追捧的对高强度跑等跑动指标的研究[214]。第二，目前很多光学追踪设备都能够实现对足球的追踪[211, 215]。虽然现在也出现了很多配置了追踪器的足球，但在不侵害足球使用质量的情况下，光学追踪设备显然具有更大的优势。而且，来自同一采集工具的追踪数据对于球员比赛表现的综合解读有着巨大的价值。此外，光学追踪技术较于可穿戴设备最大的优势是对球员比赛表现没有侵害，即球员不需要携带传感器装置就可以被准确采集信息[34, 55, 153]。

当然，光学追踪设备也存在着一些较为明显的劣势。如整套设备的价格较高、安装时间和成本对于经费有限的俱乐部而言很难承受，即使是顶级俱乐部的使用通常也仅局限于自己的主场。同时，所有基于光学追踪技术的设备都会遇到追踪遮挡或人员拥挤重叠的问题。此类问题通常需要人工手动更正。但不容忽视的是，与之相关的算法与图片分辨技术也在不断地进行优化[55, 189, 211]。

三、可穿戴电子追踪技术原理

目前，国际足球联合会足球技术创新部门将足球市场上广泛应用的比赛表现追踪系统定义为“电子运动表现与追踪系统”（electronic performance and tracking systems，EPTS），它包括基于光学追踪技术、可穿戴技术的设备、系统，主要用于管理和改善场上球员和球队的运动表现[68]。

其中，可穿戴电子追踪技术可利用两种形式的物理跟踪设备，即本地定位系统和全球导航卫星系统，并主要用于追踪球员、足球和裁判员的位置与体能跑动数据。可穿戴电子追踪技术需要追踪对象在比赛或者训练中佩戴设备，这虽然有影响追踪对象竞技表现质量的潜在风险，但相对于光学追踪技术，可穿戴电子追踪技术的计算复杂程度较低，并能够实时报告与分析追踪对象的体能表现状态。同时，可穿戴电子跟踪技术也可以与微机电装置（如加速度计、陀螺仪、指南针等）和心率监测器等其他设备结合，用于测量惯性负荷或生理参数[68]。

2015年7月，国际足球联合会秘书长签署了《关于使用“电子运动表现与追踪系统”的通知》，同意并授权全球各会员协会在正式比赛中使用EPTS设备，并遵守以下原则：

①所有的EPTS设备（包括那些之前已经被检查过的设备）将会在每场比赛球队抵达时被国际足球联合会竞赛工作人员检查，或者在其他情况下被国际足球联合会准许使用。

②被批准使用的EPTS设备所采集的数据或者是任何形式的解读，只能被用于各参赛球队或者球员个人的运动表现监控（包括体能、技术和战术数

据），不能被用于任何有商业目的以及（或者）联合第三方的行为。

③为了保证比赛的公正公平，国际足球联合会对被批准使用的EPTS设备所采集到的数据的使用做出进一步的限制。

④《国际足球联合会设备法规》第25条规定，此类设备不得显示其制造商或者任何第三方的品牌信息等。

⑤比赛期间不允许在技术区域内使用任何技术设备，通过此类设备收集的任何数据（信息）也不得传输至技术区域。

与此文件相对应的是国际足球联合会足球技术创新部门提出的关于EPTS设备的标准化文件，该文件对在正式比赛中使用EPTS设备提供了指导。同时，该部门推动了在《足球比赛规则（2017/2018）》中增加关于EPTS设备使用的条款，引入比赛中使用EPTS可穿戴类设备应满足的最低标准。具体条款包括：①该设备不可对球员以及（或者）比赛官员造成危险；②在比赛中，设备（系统）所传送的信息和数据不允许被技术区域接收或者使用。

同时，国际足球联合会理事会要求在所有其主办的正式比赛中球员使用的可穿戴设备必须满足IMS，此外包括光学追踪设备和可穿戴设备在内的所有EPTS设备都必须要符合“国际足球联合会质量计划”关于EPTS设备的使用标准，由经过国际足球联合会认证的独立测量机构对该设备的有效性和可靠性进行检测。已被认证的系统名单将由国际足球联合会技术创新部门公布。

（一）本地定位系统

本地定位系统作为一种替代技术，近年来发展迅速。它主要使用射频信号来测量球员携带的移动节点与已知位置的多个基础设施节点之间的距离。该距离用于为每个被跟踪球员所处的位置提供高度准确的估计值。研究表明，本地定位系统能够在静态和动态条件下生成高度精确的位置和速度测量数据[216]。其中，本地定位系统的总体采样频率一般高达1000Hz，静态精度约为0.1m[217]，而动态精度范围为0.18~0.28m[205, 218]。目前，本地定位系统开发了多种不同的射频技术，包括红外线、超声波、射频识别（radio frequency identification，RFID）、无线局域网、蓝牙（bluetooth）和超宽带（ultrawideband，UWB）等[219, 220]。在体育运动追踪领域最常用的是UWB系统。目前用于职业足球执教环境中的本地定位软件包括ZXY Arena、LPM、KINEXON ONE、ClearSky T6、RedFIR、WIMU PRO™ 等（见表4-5），其中大部分已经过运动科学信效度检验。

表4-5 职业足球中常见的基于本地定位系统的体能表现追踪系统

系统名称	定位技术	采样频率	可移动	实时报告	应用场景	信效度检验
ZXY Arena	RFID	20Hz	否	是	室内与室外	林克[193]
LPM	RFID	45.45Hz	是	是	室内与室外	弗伦肯、莱明克和达勒芒[216]
KINEXON ONE	UWB	20Hz	是	是	室内与室外	霍普、鲍姆加特、鲍格拉策等[221]
ClearSky T6	UWB/Bluetooth5	20Hz	否	是	室内与室外	路特博格、斯宾塞和吉尔金[222]
RedFIR	RFID	200Hz	否	是	室内与室外	赛德尔、斯易斯、斯潘格勒等[223]，赛德尔、沃克尔、维特等[224]
WIMU PRO™	UWB+GNSS	20Hz	是	是	室内与室外	卡斯蒂略、卡尔莫纳、桑切斯等[225]

本地定位系统的工作原理与全球导航卫星系统相似，需要球员佩戴相应的传感器装置。但与无源全球导航卫星系统接收器相反，有源发射器（也称“节点”）发射的电磁波由在相应位置的本地静态基站（也称“锚节点”）接收，本地定位系统借助本地部署的设备既可以用于室内运动的监测，又可以用于室外运动的监测[217, 220]。如图4-5所示，以LPM本地定位系统为例，在足球运动的使用场景中，一般要求球员穿戴配有天线和应答器的运动背心，系统通过射频信号可以实时跟踪球员在场上的移动。球员的位置可以通过计算UWB无线电讯号从发射机到基站的飞行时间（time-of-flight，TOF）、到达时间差（time difference of arrival，TDOA）和到达角度（angle of arrival，AOA）来确定[226]。到达时间定位法是通过测量来自不同锚节点的无线电信号的到达时间来估算球员的场上位置的，而到达时间差方法测量的是到达无线电信号之间的时间差[227]。但由于不同设备存在采样频率、通用协议等偏移风险（risk of bias，ROB），各类设备之间较难进行交替跨设备分析[198]。

尽管精度高，但本地定位系统的安装成本和工作量是限制其在职业体育领域中大规模应用的重要因素[195, 205]。本地定位系统依赖各基站之间的距离测量（或伪距测量，如RTLS系统[228]），同时移动设备在部署的复杂性方面也有所不同。例如，现场基站安装、设置校准和软件配置等[217]。整个过程可能较为复杂且耗时。此外，相较于光学追踪技术，使用应答器设备能够消除运动场景中的遮挡或重叠遮蔽问题，但球场所处的特定环境对于本地定位系统采集数据的质量有着重要的影响，球场周围的外部无线电干扰和高层建筑物都会分散电磁波并降低数据质量，甚至球员靠近广告牌或球场边界也会受到同样的影响。所以本地定位系统技术成本更高，通常是全球导航卫星系统的2~3倍。

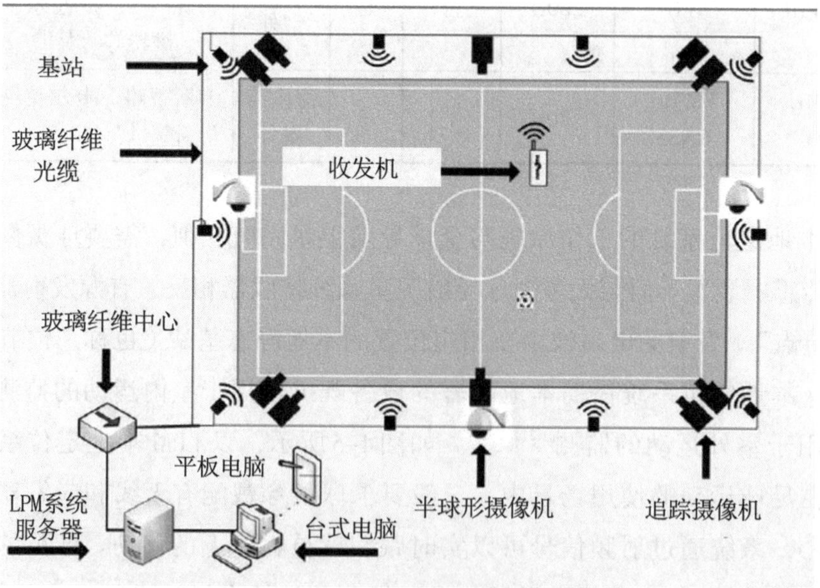

图4–5　LPM本地定位系统的配置示意图

（二）全球导航卫星系统

近年来，便携式全球导航卫星系统设备被应用到生活的各种环境中。目前广泛应用空间定位技术的全球导航卫星系统，包括美国的GPS（31颗卫星）、俄罗斯的GLONASS（24颗卫星）、欧盟的伽利略卫星定位系统（30颗卫星）以及我国的北斗卫星导航系统（55颗卫星）。在体育运动领域中，全球导航卫星系统也得到了广泛的应用，并为记录和解读高水平比赛与训练活动提供了重要的技术手段[229, 230]。高精度的全球导航卫星定位设备能够提供厘米级的定位采样精度，这为评估运动员在场上的基础生物力学参数提供了可能，并使其具有较高的技术准确性[231]。如表4-6所示，目前被广泛用于职业足球执教环境的基于全球导航卫星定位技术的追踪系统包括ZXY GO、Playertek、OPTIMEYE、Vector、Minimax S4、SPI Elite、SPI-Pro、K-Gps、TeamPRO®、Viper、Apex、WIMU^pro^等，其中大部分都已经过运动科学信效度检验。

表4-6　职业足球中常见的基于全球导航卫星定位技术的体能表现追踪系统

系统名称	定位技术	采样频率	实时报告	IMS	应用场景	信效度检验
ZXY GO	GPS、Glonass、Galileo	10Hz	是	否	室外	格罗尔森、考克巴赫和吉尔金[232]
Playertek	GPS、Glonass	10Hz	是	是	室外	FIFA-IMS
OPTIMEYE	GPS、Glonass	10Hz	是	是	室外	刘鸿优、唐小明、陈彦龙等[233]
Vector	GPS、Glonass+UWB	10/18Hz	是	是	室内与室外	FIFA-IMS
Minimax S4	GPS	10Hz	是	否	室外	约翰斯通、沃斯福德、凯利等[234]
SPI Elite	GPS	1Hz	是	否	室外	科茨和杜菲尔德[235]
SPI-Pro	GPS	5/15Hz	是	否	室外	约翰斯通、沃斯福德、凯利等[234]

续表

系统名称	定位技术	采样频率	实时报告	IMS	应用场景	信效度检验
K-Gps	GPS	10Hz	是	否	室外	未知
TeamPRO®	GPS	10Hz	是	是	室外	吉尔奇、哈金斯、本杰明等[236]
Viper	GPS	10Hz	是	否	室外	贝亚托、德弗罗和斯蒂夫[237]
Apex	GPS+UWB	18Hz	是	是	室内与室外	贝亚托、卡塔特亚、斯蒂夫等[238]
WIMU^{pro}	GPS、GNSS+UWB	10Hz	是	是	室内与室外	卡斯蒂略、戈麦斯、卡尔莫纳、桑切斯等[170]

注：FIFA-IMS表示该系统被纳入国际足球联合会质量计划EPTS系统IMS认证名单中，该名单更新于2019年10月。认证过程包括由第三方科学机构进行的设备压力测试、数据采集的准确性和信效度测试（即表现测试）。该名单的发布时间与各可穿戴设备供应商的产品发布时间存在不同程度的差异。

全球导航卫星定位设备通过位置差或多普勒频移两种不同的方法来推导出距离和速度，它使用每颗卫星与设备的距离信息来计算位置（纬度和经度），然后对设备位置进行三角测量。随后，通过位置差（位置随时间变化）计算距离并推导出速度[239]。运动的速度可以通过测量由卫星发射的周期信号的频率变化（多普勒频移）来计算，它能够提供对速度的即时测量[239]。如今，标准的全球导航卫星定位设备通常能在开放天空环境下精确到4.9m的半径范围内[240]。在针对1Hz的全球导航卫星定位设备的直线跑测试中，相比于通过位置差计算的速度，通过多普勒频移计算的速度显示出更高的精度和更小的误差[241]。其中，决定全球导航卫星定位设备质量的关键因素是已连接或者可用卫星的数量和当前卫星配置的强度，即精度衰减因子（dilution of precision，DOP）或者几何精度因子（geometric dilution precision，GDOP）。这种精度上的差异也会体现在采样频率上。所以对不同的全球导航卫星定位设备进行整合分析时，要充分考虑采样频率、速度定义和通用协议等方面的偏移风险[198]。

全球导航卫星系统的数据采集会受到任何阻挡接收器正确获取卫星信号的物体的阻碍。其最佳使用环境是在户外，并能够完全开放地面对天空，周围没有金属或者混凝土结构的遮挡。此类设备在训练基地的训练场中的使用效果要好于在正式比赛的体育场中的使用效果[193]。由于电磁波不能穿透金属或混凝土结构，所以全球导航卫星系统的位置探测不适用于室内活动。虽然仍然有一些技术措施可以进行弥补，但不可否认这是该技术的短板之一。为了增强其在多种应用环境中的实用性，大量职业体育中应用的全球导航卫星系统传感器中都加入了不受室内和室外环境影响的惯性测量单元（inertial measurement unit，IMU）[242–244]。通常来说，IMU 包含加速度计、陀螺仪和磁力计。其中，加速度计用来探测运动员的重力加速度，陀螺仪用来获得角速度信息，而磁力计则用来获得方向信息，以最终实现对运动员动作、行为的捕捉[245–247]。

与此同时，全球导航卫星定位设备较为显著的优势是其即用性和便携性等特性。一旦接收器打开并连接，系统就会开始定位并提供数据，在比赛和训练环境中能够以较低的时间与操作成本实现即时采集。此外，对比其他设备而言，全球导航卫星定位设备的成本较低，当然成本可能会随着精度要求的提高而增加。

四、小结

手工标注与编码系统为 EPTS 设备提供了指标类别与定义方面的重要参考。但此类系统不能准确地量化球员移动速度之间的过渡变化。而光学追踪设备基于图像处理和滤波技术，可以准确识别场上每个球员的空间位置，并运用多种复杂算法对追踪对象的跑动速度与时空特征进行分析。该技术相较于可穿戴设备最大的优势是对球员的比赛表现没有侵害。在国际足球联合会《关于使用“电子运动与追踪系统”的通知》发布之前，足球比赛体能表现分析领域中应用较早也是最为典型的技术手段就是光学追踪分析系统。

作为可穿戴电子追踪技术工具的典型代表，本地定位系统和全球导航卫星系统都能够提供速度和距离的即时测量。但本地定位系统的安装成本和工作量是限制其进行大规模、便携应用的重要因素。而全球导航卫星系统的最佳使用环境是在户外而非室内。当然，为了增强其在多种应用环境中的实用性，EPTS 设备有着整合性的技术应用趋势。如大量全球导航卫星系统的传感器中加入了不受室内和室外环境影响的 IMU。同时，由于采样频率、速度定义和通用协议等偏移风险的存在，各类设备之间尚无法进行交替跨设备分析。

第五章　足球比赛表现分析的实践应用

第一节　信效度检验

一、足球比赛表现分析工具的信效度问题

如何能够获得准确有效的数据是运动表现分析学者们在进行运动表现分析之前首先要关注的点。为了达到这个目的，既需要设计良好的采集系统，也需要有效、精确和客观的表现指标[36, 161, 248]。

效度通常指一种测量工具能够反映、测量其目标对象的能力[249]。专家和教练员的意见、观点往往可以用来确定运动表现分析工具的有效性[165, 250–252]。例如，拉尔金、奥康纳和威廉姆斯[165]曾经组织了9人的专家小组对足球运动员的运动意识与技术技能采集工具进行了有效性验证。同样的，借助11名专家的审核与确认，托雷斯 – 卢克、费尔南德斯 – 加西亚、卡贝约 – 曼里克等[252]检验了一个网球比赛技战术表现分析的工具。另外，运动表现分析系统的可靠性也是同等重要的[253]。

可靠性指反复进行测试、试验或其他测量方式所获得结果的再现性，其包括同一观察者（组内可靠性）[12]，以及多个观察者之间的重复性（组间可靠性）[158]。例如，运动标注分析系统会受到人工误差、观察者的经验以及观察者数量等多个方面的影响[254]。而这些影响因素会导致教练员或者分析师在训练和比赛准备中做出错误的决策。

目前，在运动科学领域信效度检验中常用的统计方法包括 Kappa 系数、

加权 Kappa 系数、组内和组间相关系数、变异系数以及皮尔森相关系数等方法[12]。对此，美国运动医学学会在第43次会议上归纳总结了用于运动医学重复性和有效性研究的各类统计方法（见表5-1）[249]。

表5-1 关于重复性和有效性研究的统计方法汇总

分析种类	相关研究数量
差异性假设检验（例如，配对 T 检验、方差分析）	16
皮尔森相关系数	17
组内相关系数	3
假设检验和皮尔森相关系数	11
假设检验和组内相关系数	9
变异系数	4
绝对误差	7
回归分析	3
总数	70

在职业足球中，运动表现主管、教练员和研究人员已经在高频率地使用各类比赛分析工具与追踪系统，以便更好地了解球员和球队在比赛中的表现水平。市场上常见的一些比赛分析工具，大部分都已经过准确性和可靠性的验证与测试。例如，Amisco Pro、Prozone、Sportscode、OPTA Sportsdata、SICS、Dartfish 及 Nacsports 等。事实上，这些系统工具在测量技战术表现指标时既提供了人性化的操作平台，又具有很高的可靠性。然而，上述研究和测量措施仍有一定的局限性与科学缺陷。例如，大多数此类研究只对重测信度进行探索，而未考虑采集到的比赛表现事件或纳入指标的内容效度。此外，还有一些系统在方法学上只对技战术表现事件的结果或者数量进行比较分析，如射门、运球、传中等常规离散指标[165]，且并未考虑时间序列等因素。又如，受制于采集方法，很多系统并不能采集到与传球方向、传控网络相关的战术信息，而这些信息对于帮助理解团队对抗性项目比赛的复杂特征具有重要的意义。例如，近年来被大量讨论的基于网络科学的研究方向[255-257]。

我国的足球比赛数据采集技术与应用近年来也迅猛发展，并涌现出了大量的数据服务商。但是关于这些数据服务商所采用的分析工具的信效度研究少有提及。甚至在我国运动科学研究领域，关于信效度方法的研究都比较少。

因此，在进行运动表现分析的研究和实践过程中，第一步应该是针对信息获取工具和数据来源进行信度和效度的验证，即信效度检验，这是保证数据采集质量和后续分析质量的基础，也是最为关键的一环[12, 158, 248, 258]。

任何使用新系统或工具进行运动表现分析和研究的先决条件都是采集工具的可靠性和准确性，以及运动表现指标的有效性[7, 259]。通过各类观察方法建立起的一套运动表现指标能够包含并代表球员和球队在比赛中的运动表现[10, 15, 260]。从根本上说，运动表现分析主要是基于系统的观察方法，可以被理解为在实际运动场景中对运动行为的有组织的记录和量化[14, 261]。为了达到这个目的，既需要设计良好的采集系统，又需要有效、精确和客观的运动表现指标，以便比赛表现的技术和战术信息能够轻松地被收集并用于后续分析和实际应用[36, 161, 248]。

足球比赛中体能表现的测量工具主要以光学追踪设备与可穿戴设备为主。而对此类设备的信效度研究中，多采用不同场地环境中的不同方向、速度与距离的模拟跑动准确性测试方式[235, 262, 263]。其中，最常见的参照与对比标准是使用计时闸测量各项测试的开始与结束时间来确定测试的时间区间[230]。当然也有部分研究对同一设备不同采样频率、不同技术的设备与追踪工具进行比较分析[193, 205, 234]。

尽管目前已经有大量的自动跟踪系统可用于比赛体能表现分析，但技战术研究领域中的大多数观察性研究或实践仍采用计算机标注分析系统，即分析人员需要结合预先确定的快捷键来手工采集相关运动表现指标[155, 161, 254]。无论从实践角度还是从理论角度来看，运动表现指标都应该有助于解释比赛结果并能够为更好地理解比赛表现行为提供有价值的信息[12]。其中，运动表现指标操作的精确程度与有效性是与数据采集过程的可靠性密切相关的，并因此对比赛表现行为的正确理解有着重要影响[264]。

二、Amisco Pro 系统信效度研究

对于足球比赛表现分析以及其他所有运动表现分析的研究来说，其开展的前提都是所采用的信息反馈工具已经过信效度验证，即在收集和分析球员和球队的运动表现信息时，首先要考虑信息反馈工具的可重复使用的准确性与测量有效性[7, 164]。以 Amisco Pro 系统为例，在对其产出的比赛表现数据进行研究之前，有必要对作为数据来源的 Amisco Pro 系统的信效度水平加以探讨。

（一）技术原理与采集流程

Amisco Pro 系统为半自动化体能表现追踪系统，使用光学追踪技术，数据采样频率为25Hz。该系统通过多台固定摄像机（6~8台摄像机）在比赛中对球员表现行为进行实时追踪，编码器将获得的信号和角度依次转换为数字数据，并记录在6台计算机上，用于赛后分析。除了球员数据以外，裁判员、足球的动作信息也被即时记录。该系统还对场上球员的行为进行了二维动画重建（位置信息：X、Y 轴坐标），并在整个比赛中同时分析每名球员的移动信息与动作行为，此类追踪信息常被呈现为体能表现报告。与此同时，由多位训练有素的分析人员根据比赛录像（实时直播或者赛后录像）对比赛中的有球事件进行标注与编码分析，对应生成技战术类表现报告。此外，本章应用分析中所涉及的比赛表现指标均为 Amisco Pro 系统输出的公开比赛报告指标。

无论是技战术表现还是体能表现的原始数据，都将通过 Amisco Viewer® 比赛表现分析软件提取并进行可视化分析。因为涉及部分误差修正和人工工作量，所以比赛表现报告一般会在48小时之内完成。拥有类似技术的数据服务商还包括 ProZone，该系统需要在球场顶部装置8~12个数字摄像机，这些摄像机同时以10Hz 的频率对球员的位移和速度信息进行记录[62, 210]。

（二）运动标注系统

以比赛事件频次、技术行为结果及事件发生位置等数据信息为主的技

战术表现分析是教练员和分析人员在比赛表现分析中最为直观和常用的探讨对象[31]。

目前，比赛技战术表现信息的采集还是以结合比赛视频进行全手工或者半自动化标注的采集方式为主。标注信息主要围绕球员、位置、事件与行为四个重要因素[7,79]。根据采集系统的不同，分析人员可进行实时采集分析，也可以进行赛后分析。早期的比赛表现分析工具并没有结合视频资源同步采集，虽然可以在比赛现场实时标注采集，但只能获得比赛事件本身的数据。包括 Amisco Pro、Sportcode 在内的半自动化计算机比赛表现分析系统更多地将比赛视频资源直接纳入采集界面，分析人员在观察比赛时进行与录像时间同步的事件标注，这不仅能够准确获得技战术事件的相关信息，还能自动获得不同比赛事件的时间－空间特征信息。

国外学者已经对 Amisco Pro 系统的信效度进行了不同层面的描述[55,62,202,265]。由于不同的市场策略，该系统的标注分析子系统为“视频定序分析系统”（video sequencer analysis system），该子系统并没有向用户开放采集使用权限，仅为该公司采集员提供输出数据服务。所以目前的科研文献中对该子系统信效度的研究较少。

另外，不能忽略指标定义对采集系统可靠性的影响。大部分的比赛表现分析系统都采用自己的指标定义，较少进行内容效度的检验[31,44,266]。目前，Amisco Pro 系统的指标和数据虽然被大量用于运动科学的分析探讨，但是仍然缺乏对指标定义准确性的研究成果。考虑到不同的分析目的和内容，在同一指标上，不同的分析系统往往有着不同的定义与采集标准。桑托斯、席尔瓦和拉戈－佩纳斯[154]曾经利用 Amisco Pro 系统对“重新获得球权”指标的三种不同定义进行采集分析，发现不同的指标定义会带来不同的采集频次与位置信息，并最终影响教练员对比赛表现的解读。当然，为了更好地满足教练员及其在真实运动场景中的个性化分析需求，越来越多的类似的新型指标产生出来，但是这些指标的有效性及其对应采集流程上的可靠性仍然需要深入探讨。

此外，部分学者将新型技战术指标与采集流程结合进行综合讨论，该系统显示了较高的可靠性水平。拉戈－巴列斯特罗、拉戈－佩纳斯和雷伊[267]

曾经为了探寻战术和情境因素对攻入对方禁区的影响，创建数个新型技战术指标（非系统设置指标）对 Amisco Pro 系统的数据采集可靠性进行检验（见表5-2）。4名受过培训的操作员对比赛录像进行手工采集，得到的组内和组间 Kappa 系数分别为0.89~0.98和0.78~0.90。根据阿尔特曼[268]提出的一致性检验与评估方法，该系统及其采集流程具有较高的一致性和有效性。在对其他指标的采集研究中也发现，该采集工具的组内一致性系数可达0.96[154]。

表5-2　可靠性检验的组间和组内 Kappa 系数[267]

指标	组内				组间
	采集员1	采集员2	采集员3	采集员4	
控球成功率	0.93	0.91	0.94	0.93	0.89
控球时间	0.95	0.93	0.92	0.92	0.86
控球开始区域	0.96	0.95	0.98	0.97	0.90
团队控球类型	0.91	0.89	0.94	0.91	0.78
传球次数	0.94	0.93	0.95	0.95	0.84
参与控球的球员数量	0.90	0.95	0.91	0.92	0.83
进攻传球选择	0.91	0.90	0.90	0.89	0.81
本方进攻时对手数量	0.92	0.90	0.91	0.91	0.83
防守压力	0.93	0.92	0.94	0.93	0.87

（三）球员追踪系统

Amisco Pro 系统追踪球员的动作行为，每场比赛能够产生450万个位置数据和超过2500个触球点的数据[34, 89]。

关于 Amisco Pro 系统可靠性的研究，已经在多个前人研究成果中被论及。最早并且进行深入检验的研究是西班牙学者阿斯尔·苏维利亚加的博士论文。此外，还有数项研究都深入讨论了该系统的可靠性[55, 202]。

阿斯尔·苏维利亚加[203]的可靠性测试是在足球场上设置总长200m的变速跑动路线，然后对比视频和 Amisco Pro 系统采集结果的差异。研究发现，距离和位移速度的组内相关系数分别为0.998和0.995，而两次检验采集一致性结果的 Kappa 系数为0.978，同时加权 Kappa 系数为0.958。该研究证明了 Amisco Pro 系统在进行足球比赛表现的追踪中拥有良好的准确性和可靠性。

随着国际足球联合会理事会在2015年修改竞赛规则，并允许在正式比赛中使用包括可穿戴设备在内的各类追踪设备。越来越多的可穿戴设备被应用在足球运动员比赛表现追踪领域。但是由于采集频率等各类测量工具的偏移风险问题，哪怕是各自都具有较高信效度的不同系统，在衡量同一指标时也可能存在不同的结果[198]。所以对同样指标的研究结果进行跨研究对比（如 Meta 分析）仍然存在一定的困难。一项针对多种不同足球比赛表现追踪系统的研究对此进行了探讨。兰德斯、穆吉卡等[202]对 Amisco Pro 系统以及不同品牌的两套全球导航卫星定位设备和光学追踪设备进行对比发现，不同系统之间的差异主要来自不同速度区间绝对距离的测量，各个系统在跑动的距离测量上有着高度独立的特点。而目前的球员追踪数据里没有“黄金标准”存在，所以只有使用同一种方法或者工具采集得到的数据才能进行跨研究的比较。

（四）小结

结合前人研究成果发现，Amisco Pro 系统具有良好的信效度。无论是技战术表现指标还是体能表现指标，该系统都已经被证明能够准确、可靠地进行足球比赛表现信息的收集与分析工作。同时，在与 Amisco Pro 系统相关的研究中涌现了多个关于新型指标信效度的研究，这种变化趋势与教练员执教需求和技战术演变趋势有关。研究人员需要根据指标的具体属性进行相应的信效度检验。

三、Champdas Master 系统信效度研究

Champdas Master 系统是一套半自动化计算机比赛表现分析系统。目前，该系统获取的大部分比赛表现报告和数据分析服务被广泛应用于亚洲职业足球俱乐部教练员的执教及体育媒体转播等领域。该系统不仅能够采集同行业通用的比赛表现指标，还能够采集更复杂的传球数据与位置信息，这在其他

的比赛表现分析系统中是较为少见的。如上所述，比赛中的传球行为在很大程度上揭示了足球比赛中的战术打法，因为有些球队擅长通过长距离传球创造机会，而有些球队则以控球打法为主[165, 269]。一般来说，球员向后或横向传球比尝试向前传球的成功可能性更大，但后者在评估进攻行动的渗透性和球员的比赛表现时常被视为关键指标[269]。

目前并没有文献或者科学研究能够证明Champdas Master系统使用的比赛表现指标是否有效，以及是否能够可靠地进行比赛数据的实时采集。因此，需对该系统进行有效性和可靠性检验，即：①检验Champdas Master系统中所使用指标的有效性；②检验Champdas Master系统在实时足球比赛数据采集过程中的可靠性（组内和组间）。

（一）检验样本与变量

1. 实时比赛采集样本

为了测试采集系统的可靠性，4名训练有素的操作员（采集经验分别为1.5年、1.5年、2年和2年）每人2次采集西班牙足球甲级联赛2017—2018赛季第19轮皇家马德里队对阵比利亚雷亚尔队的比赛数据。该比赛于2018年1月13日进行，比赛画面来自常规电视实况转播。第一次采集时间为2018年1月13日，第二次采集时间为1月30日。整个采集工作总共观察27名球员，其中包括20名首发球员、5名替补球员和2名门将。

2. 比赛表现指标

本研究基于Champdas Master系统中使用的运动表现指标，在有效性检验阶段使用3个组别分类来分析各个独立采集人员关于比赛行为和事件的一致性结果：①进攻相关事件，包括进球、进攻转移、头球、射门、射正、射门偏出、射门被扑救、界外球、越位、攻入进攻三区、过人成功、过人失败、角球、获得球权和任意球；②传球相关事件，包括传球、成功传球、向前传球、直塞、横传、斜传、回传、长传、短传、助攻、连续传球、关键传球和传中；③防守和守门员相关事件，包括封堵传球、封堵射门、解围、拦截、抢断成功、抢断失败、空中对抗成功、空中对抗失败、黄牌、守门员扑救、守门员击出、守门员脱手和守门员出击。具体指标定义请参见附录1。

选择并检验这些指标的依据主要是前人的研究成果，即其他比赛表现分析系统和相关指标的有效性检验[155, 161, 254]；并重点参考了一些针对足球比赛战术模式和传球行为的研究[270, 271]。

不同于其他系统，涉及两类属性的指标是被突出解读的。第一，考虑到场地的宽度和不同采集路径（左路、中路和边路），以及在解释进攻行为中的实际使用价值[272]，例如“进攻转移”指标指足球快速从场地一侧转移到另一侧。这与雷因、拉伯和美墨尔特[271]的研究一致，即成功球队越来越多地在比赛中通过传球转换场地区域，使对方球队处于防守劣势而获得进攻空间。第二，系统中还采集了每次传球的具体方向，并计算了从当前传球位置到下一个比赛事件位置相对于边线和对方球门方向的角度[269, 273]。

（二）检验方法

1. 指标效度检验

本研究中部分研究数据来自国内某体育数据公司。由于该数据公司的采集工具在本研究开始时未经过信效度检验，所以为了保证该数据的可靠有效，作者于2017年年底对该公司 Champdas Master 系统中所采用的指标的效度进行了评估与检验。

由来自中国、西班牙、葡萄牙、德国和爱尔兰的20名专业教练员组成的专家小组自愿参加并完成了问卷调查，其目的在于验证 Champdas Master 系统使用的运动表现指标是否有效。

（1）专家纳入标准与特征：①曾经执教过本国职业足球联赛的第一级别、第二级别、第三级别俱乐部球队的教练员；②拥有等于或高于亚洲足球联合会（AFC）B 级或欧洲足球联合会（UEFA）B 级教练执照的教练员。

参与本研究的教练员平均执教年限为13.3 ± 7.1年，20人中有5人拥有欧洲足球联合会职业级教练执照，5人拥有欧洲足球联合会 A 级教练执照，9人拥有亚洲足球联合会 A 级教练执照，1人拥有亚洲足球联合会 B 级教练执照。同时，在填写问卷并确认其自愿、知情且同意之前，作者向每位教练员解释了研究目的及答案的匿名性和学术用途。

（2）问卷设计与定量评价：为了客观、真实地进行评价，问卷的指标类型与定义完全参照该系统操作手册[157]。为了帮助专家更好地评估指标定义能否有效代表足球运动表现某些方面的行为[248]，问卷旨在定量评估以下内容——指标定义的准确水平及指标匹配目标行为的相关性级别。该评估由10级量表组成（见表5-3），并且完成问卷的时间没有限制（教练员用来填写问卷的平均时间为20min）。随后，这些问卷的答案被收集并用来计算每个指标的效度。

表5-3 专家问卷示例

运球	描述
（1）定义 评估	一次成功的运球过人代表着这名队员击败防守队员的同时保持控球权，失败的运球过人代表着运球者被抢断 （不准确）1-2-3-4-5-6-7-8-9-10（非常准确）
（2）相关性 评估	该指标名称能否代表对应的比赛表现行为? （不准确）1-2-3-4-5-6-7-8-9-10（非常准确）

注：此表仅为示例，非全部问卷。

2. 检验法

本研究中涉及的部分研究数据来自国内某体育数据公司。作者于2018年年初对该公司所采用的Champdas Master系统进行组内（Inra-）和组间（Inter-）的可靠性检验。具体检验步骤如下。

（1）数据采集操作通路。

为了检验采集系统的可靠性，4名训练有素的操作员（采集经验分别为1.5年、1.5年、2年和2年）需要采集2次比赛数据。2次采集的时间间隔至少为2周。检验工作的比赛数量和编码操作步骤参照了前人类似系统检验的研究成果[155, 161, 254, 274]。

Champdas Master系统为计算机比赛表现分析系统，用于为职业足球比赛实时生成比赛统计数据。任何运动表现分析师在操作该系统之前，都需要经过严格的培训，以便能够全面熟悉所有比赛表现动作或事件的指标定义、实时编码模式、快捷键、鼠标手动定位以及相关操作特性。然后，操作员被要求在多个测试比赛中练习所学的定义知识和操作技能，以便能够正式采集实时比赛的数据信息[157]。

该系统主要的数据捕获模式结合了快捷键和鼠标手动定位，以表示比赛事件和相应的标签属性。屏幕的手动定位是通过在同比例缩小的足球场画面上使用鼠标标记来实现的，该功能用于跟踪球员动作轨迹。每个动作代码的录入和定位都与球员在实际比赛中执行的实际动作相对应。

各个按键或标签代表在比赛过程中要记录的比赛事件。某些比赛事件可能具有多个比赛行为的信息属性，因此系统会即时同步和使用某些快捷键或多个按键组合来记录同一事件的不同属性。

当手工编码录入比赛事件时，有两类数据信息会被自动录入系统中。第一类信息即定位采集录入事件的发生位置时，角球、任意球和掷界外球等比赛事件会被系统自动识别并记录。第二类信息包括长传球、成功传球、连续传球、进攻转移等比赛事件，这些比赛事件可以根据比赛各场区之间和球员之间的关系由系统自动按逻辑生成。各比赛事件一旦被标注，该事件的发生时间也被自动记录。同时，所标注的事件发生地点将随后被生成其他战术表现信息。

（2）指标效度评价结果的检验统计方法。

专家问卷的答案被收集并用来计算每个指标的效度。本研究采用每个指标的艾肯 $\bar{V}$ 系数及各自的95%置信区间来获得指标的内容效度[275, 276]。该系数的量级大小是0~1，其中1代表着最大的可能性，与其相对应的是专家量表中指标最高效度的“10分”评价。如果某项指标的艾肯 $\bar{V}$ 系数超过了通过公式（5.1）计算的精确临界值，则该指标是有效的。公式（5.1）纳入了受访专家数量和问卷样本中项目数量的因素[277]：

$$\bar{V} = 0.5 + \left(2 \times 0.2 \times \sqrt{\frac{3mn(c-1)}{c+1}}\right) \tag{5.1}$$

其中，z 代表着显著性水平，m 代表专家应该评估的项目数量，n 是参与本研究的专家数量，c 则是单个项目可以评估的最大值。然后根据 $P<0.05$ 的统计学显著性水平，计算出的精确临界值为0.52。

（3）组内和组间的可靠性检验统计方法。

组内和组间的可靠性检验使用加权 Kappa 系数[268, 278]、平均值、平均值变化、标准化典型误差、组内相关系数进行统计分析[158]。

加权 Kappa 系数统计结果是根据阿尔特曼测量方案进行评估的[268]：$\kappa \leq 0.2$ 为一致性差；$0.2 \leq \kappa < 0.4$ 为一致性尚好；$0.4 \leq \kappa < 0.6$ 为一致性中等；$0.6 \leq \kappa < 0.8$ 为一致性良好；$\kappa \geq 0.8$ 为一致性非常好。

标准化典型误差的值应加倍，分歧水平的阈值如下：小于0.2为无意义、微小差异；0.2至0.6为小差异；大于0.6至1.2为中等差异；大于1.2至2.0为大差异；大于2.0为非常大的差异；大于4.0为极大差异[158, 279]。

平均值、平均值变化、标准化典型误差和组内相关系数的计算使用了由澳大利亚霍普金斯教授开发的电子数据表[158]。

（三）检验结果与讨论

1. 指标效度的评价结果与分析

艾肯 $\bar{V}$ 系数的结果显示指标匹配目标行为的相关性均值为 0.84 ± 0.03，而指标定义的准确性均值为 0.85 ± 0.03（见表5-4）。所有指标都显示拥有较高的内容有效性。

表5-4　关于指标匹配目标行为的相关性与表现指标定义的准确性的专家评价结果

表现指标	指标匹配目标行为的相关性			指标定义的准确性		
	均值（标准差）	艾肯 $\bar{V}$ 系数	95% 置信区间	均值（标准差）	艾肯 $\bar{V}$ 系数	95% 置信区间
进攻转移	8.3（1.4）	0.81	0.806~0.815	8.2（1.6）	0.79	0.789~0.799
攻入进攻三区	8.5（1.6）	0.83	0.823~0.832	8.4（1.7）	0.82	0.817~0.826
控球时间	8.9（1.8）	0.87	0.868~0.875	9.1（1.6）	0.89	0.89~0.897
运球	8.5（1.8）	0.83	0.823~0.831	8.7（1.5）	0.85	0.845~0.854

续表

表现指标	指标匹配目标行为的相关性			指标定义的准确性		
	均值（标准差）	艾肯 $\bar{V}$ 系数	95% 置信区间	均值（标准差）	艾肯 $\bar{V}$ 系数	95% 置信区间
射门	9.3（1.2）	0.92	0.918~0.925	9.4（1.0）	0.93	0.929~0.936
射正	9.0（1.4）	0.88	0.878~0.887	9.0（1.3）	0.88	0.878~0.887
获得球权	9.0（1.3）	0.89	0.884~0.892	9.1（1.1）	0.90	0.895~0.903
空中对抗	8.5（2.0）	0.83	0.823~0.831	8.6（1.7）	0.84	0.840~0.848
传球	8.5（2.8）	0.83	0.824~0.831	8.8（2.4）	0.87	0.863~0.869
成功传球	8.6（2.5）	0.84	0.841~0.847	8.7（2.4）	0.86	0.852~0.858
向前传球	9.0（1.6）	0.88	0.879~0.887	9.1（1.4）	0.89	0.890~0.898
直塞	8.4（2.4）	0.82	0.818~0.825	8.6（2.3）	0.84	0.835~0.842
横传	8.7（1.7）	0.85	0.845~0.854	8.7（1.6）	0.86	0.851~0.859
斜传	8.7（1.7）	0.85	0.845~0.854	8.7（1.5）	0.86	0.851~0.859
回传	8.5（1.8）	0.83	0.823~0.831	8.7（1.6）	0.85	0.845~0.854
长传	8.7（1.8）	0.85	0.845~0.853	8.8（1.7）	0.86	0.856~0.865
短传	8.8（1.9）	0.87	0.862~0.870	9.0（1.6）	0.88	0.879~0.886
助攻	8.9（2.5）	0.87	0.869~0.875	8.9（2.4）	0.88	0.874~0.880
连续传球	8.5（2.5）	0.83	0.824~0.831	8.5（2.4）	0.83	0.829~0.836
关键传球	8.5（2.5）	0.83	0.830~0.836	8.6（2.4）	0.84	0.841~0.847
传中	8.4（1.5）	0.82	0.817~0.826	8.5（1.5）	0.83	0.828~0.837
抢断	8.5（1.5）	0.83	0.823~0.832	8.5（1.4）	0.83	0.828~0.837
拦截	8.9（1.1）	0.87	0.867~0.876	9.0（0.9）	0.89	0.883~0.893

续表

表现指标	指标匹配目标行为的相关性			指标定义的准确性		
	均值（标准差）	艾肯 $\bar{V}$ 系数	95% 置信区间	均值（标准差）	艾肯 $\bar{V}$ 系数	95% 置信区间
解围	8.8（1.5）	0.87	0.862~0.870	8.9（1.3）	0.88	0.873~0.881
回抢	8.3（2.5）	0.81	0.807~0.814	8.5（2.3）	0.83	0.829~0.836
封堵传球	8.3（2.4）	0.81	0.807~0.814	8.5（2.2）	0.83	0.824~0.831
封堵射门	8.7（2.3）	0.85	0.846~0.853	8.7（2.4）	0.85	0.846~0.853
守门员扑救	8.6（2.4）	0.84	0.835~0.842	8.6（2.3）	0.84	0.840~0.847
守门员击出	8.3（2.7）	0.81	0.802~0.808	8.5（2.4）	0.83	0.829~0.836
守门员脱手	8.4（2.3）	0.82	0.818~0.825	8.6（2.3）	0.84	0.835~0.842
守门员出击	8.6（2.4）	0.84	0.835~0.842	8.6（2.3）	0.84	0.840~0.847

注：定义内容参见附录1。

因此，依据前人研究成果，本研究首先通过专家意见检验了表现指标的有效性[165, 250, 280]。本研究采用艾肯 $\bar{V}$ 系数对20名职业教练员关于表现指标的反馈意见进行评价，得出指标匹配目标行为的相关性水平为0.84 ± 0.03，而指标定义的准确性水平为0.85 ± 0.03，这说明指标拥有清晰合理的操作定义并能够在比赛表现的采集与分析中代表相应的比赛事件与球员表现行为。通过职业足球教练员的评价可知，该比赛表现分析系统的指标有高质量的内容效度。

如同前人研究中讨论的，有效、明确的操作定义并不足以保证运动表现分析工具的可靠性，因为人工误差会在很大程度上影响数据的可靠性[248, 254, 281]。一般来说，具有较高效度的运动表现分析工具也必须同时具有较高的可靠性。而可靠性较高的运动表现分析工具可能具有较低的有效性。但只有具有高效度和高可靠性的运动表现分析工具才能被用于运动表现分析与研究[2, 248]。

2. 可靠性检测结果与分析

如表5-5所示，2名独立操作员在针对皇家马德里队的2次数据采集中共有5430个比赛事件一致，而在针对比利亚雷亚尔队的2次数据采集中有4065个比赛事件一致。对比第一次和第二次的组内数据采集，操作员 A 编码的平均时间差异为（0.91±0.94）s，操作员 B 的为（0.81±0.88）s。同时，在组间数据采集中操作员 A 和操作员 B 编码的平均时间差异为（0.89±0.88）s（详细数据见图5-1、图5-2）。此外，两支球队数据采集的 Kappa 系数分别为0.97和0.89，这显示组间检验拥有良好的一致性。

表5-5　2名独立操作员组间编码结果

球队	一致	操作员 A		操作员 B		Kappa 系数
		全部	不一致	全部	不一致	
皇家马德里队	5430	5518	88	5519	89	0.97
比利亚雷亚尔队	4065	4393	328	4391	326	0.89

注：表中显示的事件数量为2次数据采集的总和。

如表5-6所示，操作员 A 在针对皇家马德里队的2次数据采集中共有2619个比赛事件一致，在针对比利亚雷亚尔队的采集中共有1948个比赛事件一致，对应两支球队的 Kappa 系数分别为0.91和0.93（详细数据见图5-3、图5-4）。操作员 B 在2次数据采集中针对皇家马德里队共有2781个比赛事件一致，针对比利亚雷亚尔队共有1953个比赛事件一致，两支球队的 Kappa 系数分别为0.91和0.87（详细数据见图5-5、5-6）。这些结果都显示了组内检验拥有良好的一致性。

皇家马德里		操作员 B																																												
		犯规	过人成功	过人失败	角球	进攻转移	门球	获得球权	任意球	进球	头球	射门	射偏	射正	射门被扑救	掷界外球	越位	攻入进攻三区	传球	成功传球	向前传球	直塞	横传	斜传	回传	长传球	短传球	助攻	连续传球	关键传球	传中	封堵传球	封堵射门	解围	拦截	抢断成功	抢断失败	空中对抗成功	空中对抗失败	黄牌	守门员出击	守门员扑救	守门员击出	守门员脱手	空值	总计
操作员A	犯规	22																																											0	22
	过人成功		14											1																						1									5	21
	过人失败			7																																									5	12
	角球				22																																								0	22
	进攻转移					7																									1														0	8
	门球						10																																						1	11
	获得球权							85			1																				1					5									0	92
	任意球								26																																				0	26
	进球									0																																			0	0
	头球										40																								4			2							0	46
	射门											54																																	0	54
	射偏												21																																0	21
	射正													14																															0	14
	射门被扑救														19																														0	19
	掷界外球															38																													0	38
	越位																6																												0	6
	攻入进攻三区																	160																											15	175
	传球																		1243																										0	1243
	成功传球																			1046																									0	1046
	向前传球																				81																								0	81
	直塞																					2																							0	2
	横传																						176	2																					0	178
	斜传																							471												1									0	472
	回传																								315																				0	315
	长传球					5																				44	3																		0	52
	短传球																										994																		0	994
	助攻																											0																	0	0

图5–1　操作员 A 与 B 关于皇家马德里队的2次数据采集结果

皇家马德里	犯规	过人成功	过人失败	角球	进攻转移	门球	获得球权	任意球	进球	头球	射门	射偏	射正	射门被扑救	掷界外球	越位	攻入进攻三区	传球	成功传球	向前传球	直塞	横传	斜传	回传	长传球	短传球	助攻	连续传球	关键传球	传中	封堵传球	封堵射门	解围	拦截	抢断成功	抢断失败	空中对抗成功	空中对抗失败	黄牌	守门员出击	守门员扑救	守门员击出	守门员脱手	空值	总计
操作员A 连续传球																										4		219																5	228
关键传球																													50															0	50
传中																														80														0	80
封堵传球																															5													0	5
封堵射门																																6												0	6
解围																										3							16	2										0	21
拦截																																		23	1									0	24
抢断成功																																			35									0	35
抢断失败																																				33								0	33
空中对抗成功										7																											17							0	24
空中对抗失败										8																												18						5	31
黄牌																																							4					0	4
守门员出击																																								1				0	1
守门员扑救																																									4			0	4
守门员击出																																										2		0	2
守门员脱手																																											0	0	0
空值	1	8	3	0	0	0	6	0	0	0	0	0	0	0	0	0	0	4	2	1	0	0	1	0	0	0	0	0	0	2	1	0	0	1	5	2	0		0	0	0	0	0		37
总计	23	22	10	22	12	10	91	26	0	56	54	21	15	19	38	6	160	1247	1048	82	2	176	474	315	44	1004	0	219	50	84	6	6	16	30	48	35	19	18	4	1	4	2	0	36	5555

图5-1 操作员A与B关于皇家马德里队的2次数据采集结果（续）

比利亚雷亚尔		操作员B																																												
		犯规	过人成功	过人失败	角球	进攻转移	门球	获得球权	任意球	进球	头球	射门	射偏	射正	射门被扑救	掷界外球	越位	攻入进攻三区	传球	成功传球	向前传球	直塞	横传	斜传	回传	长传球	短传球	助攻	连续传球	关键传球	传中	封堵传球	封堵射门	解围	拦截	抢断成功	抢断失败	空中对抗成功	空中对抗失败	黄牌	守门员出击	守门员扑救	守门员击出	守门员脱手	空值	总计
操作员A	犯规	22																																												0	22
	过人成功		13	1																																										6	20
	过人失败			8																																											3	11
	角球				0																																										0	0
	进攻转移					2																																									0	2
	门球						24																																								0	24
	获得球权							76			2																					1		1	1	2										12	95
	任意球								28																																						0	28
	进球									1																																					0	1
	头球			1					1			59																											2							4	67
	射门											18																																		0	18
	射偏												6																																	0	6
	射正													4																																0	4
	射门被扑救														6																															0	6
	掷界外球															22																														0	22
	越位																2																													0	2
	攻入进攻三区																	100																												0	100
	传球																		908																											0	908
	成功传球																			758																										0	758
	向前传球																				77			25																						8	110
	直塞																					3																								0	3
	横传																						86	24	15																					5	130
	斜传																				26		30	311	2																					9	378
	回传																						18	3	262																					10	293
	长传球																									74																				6	80
	短传球																										807																			21	828
	助攻																											1																		0	1

图5-2　操作员A与B关于比利亚雷亚尔队的2次数据采集结果

比利亚雷亚尔		操作员B																																												
		犯规	过人成功	过人失败	角球	进攻转移	门球	获得球权	任意球	进球	头球	射门	射偏	射正	射门被扑救	掷界外球	越位	攻（进攻三区）	传球	成功传球	向前传球	直塞	横传	斜传	回传	长传球	短传球	助攻	连续传球	关键传球	传中	封堵传球	封堵射门	解围	拦截	抢断成功	抢断失败	空中对抗成功	空中对抗失败	黄牌	守门员出击	守门员扑救	守门员击出	守门员脱手	空值	总计
操作员A	连续传球																												130																0	130
	关键传球																													13	1														0	14
	传中																														12														0	12
	封堵传球							1																								45		1	1										2	50
	封堵射门																																17	1											0	18
	解围							6			2																					2		55	5										11	81
	拦截																															1			10	1									5	17
	抢断成功							2																												21									4	27
	抢断失败																															1					31								7	39
	空中对抗成功										10																											18	4						2	34
	空中对抗失败										3																							1				1	9						11	25
	黄牌																																							2					0	2
	守门员出击																																								0				2	2
	守门员扑救																																									14			0	14
	守门员击出																																										10		0	10
	守门员脱手																																											0	0	0
	空值	0	8	3	0	0	0	11	0	0	5	0	0	0	0	0	0	0	0	0	0	1	8	17	8	5	26	0	0	0	0	7	0	4	3	3	12	1	5	0	0	0	0	0		127
	总计	22	21	13	0	2	24	97	28	1	81	18	6	4	6	22	2	10	908	758	103	4	142	380	287	79	833	1	130	13	13	57	17	63	20	27	43	22	18	2	0	14	10	0	128	4519

图5-2 操作员A与B关于比利亚雷亚尔队的2次数据采集结果（续）

皇家马德里		第二次采集																																												
		犯规	过人成功	过人失败	角球	进攻转移	门球	获得球权	任意球	进球	头球	射门	射偏	射正	射门被扑救	掷界外球	越位	攻入进攻三区	传球	成功传球	向前传球	直塞	横传	斜传	回传	长传球	短传球	助攻	连续传球	关键传球	传中	封堵传球	封堵射门	解围	拦截	抢断成功	抢断失败	空中对抗成功	空中对抗失败	黄牌	守门员出击	守门员扑救	守门员击出	守门员脱手	空值	总计
第一次采集	犯规	11																																											0	11
	过人成功		9																																										3	12
	过人失败			6																																									0	6
	角球				11																																								0	11
	进攻转移					4																																							0	4
	门球						3																																						3	6
	获得球权							35																			8					1													3	47
	任意球								13																																				0	13
	进球									0																																			0	0
	头球										23																																		0	23
	射门											27																																	0	27
	射偏												10																																0	10
	射正													7																															0	7
	射门被扑救														9																														1	10
	掷界外球															19																													0	19
	越位																3																												0	3
	攻入进攻三区																	87																											1	88
	传球																		610																										10	620
	成功传球																			508																									13	521
	向前传球						1														31			7																					2	41
	直塞																					1																							0	1
	横传																						62	16	10																				0	88
	斜传																				8		16	212																					1	237
	回传																						11		144																				0	155
	长传球							1																		33	4																		0	38
	短传球						1	2																		4	476							1											11	495
	助攻																											0																	0	0

图5-3　操作员 A 关于皇家马德里队的2次数据采集结果

皇家马德里		第二次采集																																												
		犯规	过人成功	过人失败	角球	进攻转移	门球	获得球权	任意球	进球	头球	射门	射偏	射正	射门被扑救	掷界外球	越位	攻入进攻三区	传球	成功传球	向前传球	直塞	横传	斜传	回传	长传球	短传球	助攻	连续传球	关键传球	传中	封堵传球	封堵射门	解围	拦截	抢断成功	抢断失败	空中对抗成功	空中对抗失败	黄牌	守门员出击	守门员扑救	守门员击出	守门员脱手	空值	总计
第一次采集	连续传球																												111																0	111
	关键传球																													25															0	25
	传中																														40														0	40
	封堵传球																															1													2	3
	封堵射门																																3												0	3
	解围																																	10											0	10
	拦截																																		11										2	13
	抢断成功																										3									16									0	19
	抢断失败																																				16								3	19
	空中对抗成功																																					12							0	12
	空中对抗失败																																						15						1	16
	黄牌																																							2					0	2
	守门员出击																																								0				0	0
	守门员扑救																																									2			0	2
	守门员击出																																										1		0	1
	守门员脱手																																											0	0	0
	空值	0	0	0	0	0	0	7	0	0	0	0	1	0	0	0	0	0	13	17	1	0	1	0	6	0	8	0	6	0	0	0	0	0	0	0	0	0	0	0	1	0	0	0		61
	总计	11	9	6	11	12	5	45	13	0	23	27	11	7	9	19	3	87	623	525	40	1	90	235	160	37	499	0	117	25	40	2	3	11	11	16	16	12	15	2	1	2	1	0	56	2838

图5-3 操作员A关于皇家马德里队的2次数据采集结果（续）

比利亚雷亚尔		第二次采集																																												
		犯规	过人成功	过人失败	角球	进攻转移	门球	获得球权	任意球	进球	头球	射门	射偏	射正	射门被扑救	掷界外球	越位	攻人进攻三区	传球	成功传球	向前传球	直塞	横传	斜传	回传	长传球	短传球	助攻	连续传球	关键传球	传中	封堵传球	封堵射门	解围	拦截	抢断成功	抢断失败	空中对抗成功	空中对抗失败	黄牌	守门员出击	守门员扑救	守门员击出	守门员脱手	空值	总计
第一次采集	犯规	11																																											0	11
	过人成功		8	1																																									2	11
	过人失败			5																																									1	6
	角球				0																																								0	0
	进攻转移					1																																							0	1
	门球						12																																						0	12
	获得球权							47																																					0	47
	任意球								14																																				0	14
	进球									1																																			0	1
	头球										30																																		2	32
	射门											9																																	0	9
	射偏												3																																0	3
	射正													2																															0	2
	射门被扑救														3																														0	3
	掷界外球															11																													0	11
	越位																1																												0	1
	攻人进攻三区																	47																											7	54
	传球																		447													1													7	455
	成功传球																			379																									0	379
	向前传球																				26			11										1											0	38
	直塞																					1																							0	1
	横传																						38	4	10																				1	53
	斜传																				9		10	128								1													3	151
	回传																						6		131																				0	137
	长传球																									21	1																		0	22
	短传球																									2	355																		0	357
	助攻																											0																	0	0

图5-4 操作员A关于比利亚雷亚尔队的2次数据采集结果

比利亚雷亚尔		第二次采集																																												
		犯规	过人成功	过人失败	角球	进攻转移	门球	获得球权	任意球	进球	头球	射门	射偏	射正	射门被扑救	掷界外球	越位	攻人进攻三区	传球	成功传球	向前传球	直塞	横传	斜传	回传	长传球	短传球	助攻	连续传球	关键传球	传中	封堵传球	封堵射门	解围	拦截	抢断成功	抢断失败	空中对抗成功	空中对抗失败	黄牌	守门员出击	守门员扑救	守门员击出	守门员脱手	空值	总计
第一次采集	连续传球																												66																0	66
	关键传球																													7															0	7
	传中																														6														0	6
	封堵传球																		1		1											17													4	23
	封堵射门																																9	1											0	10
	解围																															1		35											5	41
	拦截																																	1	7										1	9
	抢断成功																																			13									0	13
	抢断失败																															1					18								2	21
	空中对抗成功																																					14	1						1	16
	空中对抗失败																																					1	11						0	12
	黄牌																																							1					0	1
	守门员出击																																								1				0	1
	守门员扑救																																									7			0	7
	守门员击出																																										5		0	5
	守门员脱手																																											0	0	0
	空值	0	0	1	0	0	0	0	0	0	4	0	0	0	0	0	0	0	5	0	0	1	1	2	2	0	0	0	0	0	0	3	0	1	1	0	0	0	0	0	0	0	0	0		21
	总计	11	8	7	0	12	12	47	14	1	34	9	3	2	3	11	1	47	453	379	36	2	55	145	143	23	356	0	66	7	6	24	9	39	8	13	18	15	12	1	1	7	5	0	36	2081

图5-4 操作员A关于比利亚雷亚尔队的2次数据采集结果（续）

皇家马德里		第二次采集																																										
		犯规	过人成功	过人失败	角球	进攻转移	门球	获得球权	任意球	进球	头球	射门	射偏	射正	射门被扑救	掷界外球	越位	攻入进攻三区	传球	成功传球	向前传球	直塞	横传	斜传	回传	长传球	短传球	助攻	连续传球	关键传球	传中	封堵传球	封堵射门	解围	拦截	抢断成功	抢断失败	空中对抗成功	空中对抗失败	黄牌	守门员出击	守门员扑救	守门员击出	守门员脱手	空值	总计
第一次采集	犯规	11																																											0	11
	过人成功		7																																										3	10
	过人失败	1	3																																										3	7
	角球				11																																								0	11
	进攻转移					5																																							1	6
	门球						5																																						0	5
	获得球权		3					39							1															1					1										4	49
	任意球								13																																				0	13
	进球									0																																			0	0
	头球										25																											2							4	31
	射门											26																																	0	26
	射偏												10																																0	10
	射正													7																															0	7
	射门被扑救														9																														1	10
	掷界外球															19																													0	19
	越位																3																												0	3
	攻入进攻三区																	77																											6	83
	传球																		611																										10	621
	成功传球																			512																									9	521
	向前传球																				34			14																					2	50
	直塞																					1																							0	1
	横传																						86	16	14																				2	118
	斜传																				15		26	248	1																				2	292
	回传																						10	1	150																				0	161
	长传球																									29	8																		0	37
	短传球																									5	584																		0	589
	助攻																											0																	0	0

图5-5　操作员B关于皇家马德里队的2次数据采集结果

皇家马德里		第二次采集																																												
		犯规	过人成功	过人失败	角球	进攻转移	门球	获得球权	任意球	进球	头球	射门	射偏	射正	射门被扑救	掷界外球	越位	攻入进攻三区	传球	成功传球	向前传球	直塞	横传	斜传	回传	长传球	短传球	助攻	连续传球	关键传球	传中	封堵传球	封堵射门	解围	拦截	抢断成功	抢断失败	空中对抗成功	空中对抗失败	黄牌	守门员出击	守门员扑救	守门员击出	守门员脱手	空值	总计
第一次采集	连续传球																												107																0	107
第一次采集	关键传球																													25															0	25
第一次采集	传中																														41														0	41
第一次采集	封堵传球																															1			1										1	3
第一次采集	封堵射门																																3												0	3
第一次采集	解围																																	8											0	8
第一次采集	拦截							2																								1			15										0	18
第一次采集	抢断成功																																		1	22									2	25
第一次采集	抢断失败																																				13								2	15
第一次采集	空中对抗成功										2																											6							0	8
第一次采集	空中对抗失败																																						10						0	10
第一次采集	黄牌																																							2					0	2
第一次采集	守门员出击																																								0				0	0
第一次采集	守门员扑救																																									2			0	2
第一次采集	守门员击出																																										1		0	1
第一次采集	守门员脱手																																											0	0	0
第一次采集	空值	1	4	0	0	0	0	6	0	0	1	2	1	0	0	0	0	0	15	15	2	0	2	7	0	0	0	0	5	0	2	1	0	0	0	1	4	2	1	0	1	0	0	0		73
第一次采集	总计	12	12	6	11	5	5	47	13	0	28	28	11	7	10	19	3	77	626	527	51	1	124	286	165	34	592	0	112	26	43	3	3	8	18	23	17	10	11	2	1	2	1	0	52	3032

图5-5 操作员B关于皇家马德里队的2次数据采集结果（续）

比利亚雷亚尔（第一次采集）	第二次采集																																												
	犯规	过人成功	过人失败	角球	进攻转移	门球	获得球权	任意球	进球	头球	射门	射偏	射正	射门被扑救	掷界外球	越位	攻入进攻三区	传球	成功传球	向前传球	直塞	横传	斜传	回传	长传球	短传球	助攻	连续传球	关键传球	传中	封堵传球	封堵射门	解围	拦截	抢断成功	抢断失败	空中对抗成功	空中对抗失败	黄牌	守门员出击	守门员扑救	守门员击出	守门员脱手	空值	总计
犯规	11																																												11
过人成功		7																																										2	9
过人失败		2	6																																									2	10
角球																																													0
进攻转移					1																																								1
门球						12																																							12
获得球权							45																												1									1	47
任意球								14																																					14
进球									1																																				1
头球		1								35																											4							2	42
射门											8																																		8
射偏												3																																	3
射正													2																																2
射门被扑救														3																															3
掷界外球															11																														11
越位																1																													1
攻入进攻三区																	50																												50
传球																		444																										11	455
成功传球																			365																									15	380
向前传球																				23			15																					4	42
直塞																					2																							0	2
横传																						34	13	12																				1	60
斜传																				12		12	111	1																				3	139
回传																						9	2	127																				1	139
长传球																									36	4																		1	41
短传球																									2	402																		10	414
助攻																											1																	0	1

图5–6　操作员B关于比利亚雷亚尔队的2次数据采集结果

比利亚雷亚尔		第二次采集																																												
		犯规	过人成功	过人失败	角球	进攻转移	门球	获得球权	任意球	进球	头球	射门	射偏	射正	射门被扑救	掷界外球	越位	攻人进攻三区	传球	成功传球	向前传球	直塞	横传	斜传	回传	长传球	短传球	助攻	连续传球	关键传球	传中	封堵传球	封堵射门	解围	拦截	抢断成功	抢断失败	空中对抗成功	空中对抗失败	黄牌	守门员出击	守门员扑救	守门员击出	守门员脱手	空值	总计
第一次采集	连续传球																												65																0	65
	关键传球																													7															0	7
	传中																														6														0	6
	封堵传球																															25			2										3	30
	封堵射门																																9												1	10
	解围																																	28	4										1	33
	拦截							1																										1	4	2									2	10
	抢断成功																																		2	9									3	14
	抢断失败																																				17								3	20
	空中对抗成功										2																											9							0	11
	空中对抗失败																																						6						1	7
	黄牌																																							1					0	1
	守门员出击																																												0	0
	守门员扑救																																									7			0	7
	守门员击出																																										5		0	5
	守门员脱手																																											0	0	0
	空值	0	2	0	0	0	0	3	0	0	2	0	0	0	0	0	0	0	15	17	2	0	2	7	0	0	15	0	0	0	1	0	0	1	1	3	5	0	3	0	0	0	0	0		79
	总计	11	12	6	0	1	12	49	14	1	39	8	3	2	3	11	1	50	459	382	37	2	57	148	140	38	421	1	65	7	7	25	9	30	13	15	22	13	9	1	0	7	5	0	67	2203

图5-6　操作员B关于比利亚雷亚尔队的2次数据采集结果（续）

表5-7 两位独立操作员组内编码结果

组别		一致	第一次数据采集		第二次数据采集		Kappa系数
			全部	不一致	全部	不一致	
操作员 A	皇家马德里队	2619	2769	150	2782	163	0.91
	比利亚雷亚尔队	1948	2049	101	2045	97	0.93
操作员 B	皇家马德里队	2781	2959	178	2980	199	0.91
	比利亚雷亚尔队	1953	2124	171	2136	183	0.87

如表5-7所示，在同一操作员的两次数据采集的各组指标结果中，组内相关系数的结果范围为0.98~1.00，标准化典型误差的结果范围为0.01~0.15，显示了非常好的组内可靠性。而不同操作员的两次数据采集中的各组指标结果显示了高水平的组间可靠性，其中组间相关系数的结果范围为0.93~1.00，标准化典型误差的结果范围为0.01~0.29。此外，本研究还将 OPTA Client 系统针对此场比赛的相同比赛指标数据与各操作员在 Champdas Master 系统中的操作结果进行了实证比较分析（见表5-8）。结果显示，除了在短传指标上存在微小差异之外，两名操作员在所有比较的指标中都显示了良好的一致性。

在采集人员对研究目的不知情的情况下，本研究对 Champdas Master 系统的有效性、组内和组间可靠性进行了检验。参与检验的操作员们每次数据采集时独立编码的比赛事件超过了4000个，超过了前人此类研究的工作量[155, 161, 254]。而与此同时，研究结果表明，该系统具有较高的绝对和相对可靠性。据此可见，该系统能够可靠地测量足球比赛动作行为和事件，并能够提供比同行业比赛表现分析系统更多的技战术表现信息。

因此，目前的研究证明，操作人员经过严格的训练和大量的实践之后使用 Champdas Master 系统可以有效、可靠地进行实时足球比赛数据的采集，而低水平的标准化典型误差、较高的 Kappa 系数和较高的组内相关系数表明使用该系统收集的比赛数据是可靠、可信的。

表 5–8　两次比赛数据采集的组内和组间可靠性检测结果

比较类别	指标	皇家马德里队				比利亚雷亚尔队			
		均值（标准差）	均值变化（置信区间）	标准化典型误差	组织相关系数	均值（标准差）	均值变化（CL）	标准化典型误差	组织相关系数
操作员 A 两次数据比较	进攻	17.0（21.0）	−4.40（5.40）	0.03	1.00	12.0（15.0）	−0.40（1.00）	0.09	0.99
	传球	182.0（219.0）	1.60（1.50）	0.01	1.00	128.0（161.0）	−0.10（1.60）	0.01	1.00
	防守和守门员	7.4（6.9）	−0.40（0.80）	0.14	0.99	12.0（11.0）	−0.30（1.00）	0.07	0.99
	全部指标	64.0（142.0）	0.14（0.49）	0.01	1.00	48.0（102.0）	−0.35（0.50）	0.01	1.00
操作员 B 两次数据比较	进攻	17.0（19.0）	−0.30（1.00）	0.07	1.00	13.0（16.0）	0.00（0.50）	0.05	1.00
	传球	182.0（221.0）	2.30（1.90）	0.01	1.00	129.0（163.0）	0.80（2.10）	0.02	1.00
	防守和守门员	7.2（7.5）	0.40（0.90）	0.15	0.98	10.8（9.7）	−0.10（1.00）	0.14	0.99
	全部指标	64.0（142.0）	0.70（0.64）	0.01	1.00	48.0（103.0）	0.21（0.58）	0.02	1.00
操作员 A 与操作员 B 比较	进攻	34.0（40.0）	−0.10（2.50）	0.08	0.99	25.0（31.0）	0.80（1.40）	0.06	1.00
	传球	364.0（441.0）	0.40（3.00）	0.01	1.00	257.0（323.0）	1.40（2.90）	0.01	1.00
	防守和守门员	14.0（14.0）	−0.40（3.30）	0.29	0.93	22.0（20.0）	−2.40（3.90）	0.24	0.95
	全部指标	128.0（285.0）	−0.05（1.31）	0.01	1.00	95.0（206.0）	0.05（1.57）	0.02	1.00

注：置信区间为95%。

表 5–9　OPTA Client 系统与 Champdas Master 系统比赛数据采集结果的比较

指标	皇家马德里队					比利亚雷亚尔队				
	OPTA Client 系统	Champdas Master 系统				OPTA Client 系统	Champdas Master 系统			
		操作员 A（第一次数据）	操作员 A（第二次数据）	操作员 B（第一次数据）	操作员 B（第二次数据）		操作员 A（第一次数据）	操作员 A（第二次数据）	操作员 B（第一次数据）	操作员 B（第二次数据）
射门	28	27	27	26	28	10	9	9	8	8
射正	7	7	7	7	7	4	2	2	2	2
进球	0	0	0	0	0	1	1	1	1	1
传球成功率	89%	84%	84%	84%	84%	84%	83%	84%	84%	83%
空中对抗成功	45%	43%	44%	44%	48%	55%	57%	56%	61%	59%
过人成功	8	12	9	10	12	7	11	8	9	12
抢断	19	19	16	25	23	14	13	13	14	15
传球	650	620	623	621	626	467	455	453	455	459
传中	44	40	40	41	43	7	6	6	6	7
直塞	0	1	1	1	1	2	1	2	2	2
短传	574	495	499	589	592	393	357	356	414	421

注：OPTA Client 系统数据引自 https://www.whoscored.com/Matches/1222158/Live/Spain-LaLiga-2017-2018-Real-Madrid-Villarreal。

本研究与同行业中对 Prozone MatchViewer 系统[161]、OPTA Client 系统[155]和 Digitial.Stadium 系统[254]的科学检验相似。这些研究都表明半自动化比赛表现分析系统在数据采集中的操作误差极为有限。此外，应该注意到以往研究成果中对于技战术数据的采集常常是通过快捷键标注进行的[155]。与同类系统相比，Champdas Master 系统不仅采用了快捷键的标注方式，还结合了鼠标的手动定位方式。因此，该系统不仅产生了更多的进攻和传球数据，也有效地提供了与比赛表现行为发生地点和区域的相关信息。这能够使比赛技战术信息更全面地用于比赛表现分析和赛事转播等目的。

当然，本研究仍然有一些操作缺陷需要被关注。首先，需要更多的不同类型的比赛来测试该系统的适用性。其次，目前存在分歧的数据主要是与传球方向、长短传相关的指标。在将 OPTA Client 系统的比赛报告与 Champdas Master 系统的数据结果进行比较时，组内和组间可靠性检验都发现了类似的问题。其中，OPTA Client 系统的可靠性已被验证（组内相关系数为0.88~1.00；标准化典型误差为0.00~0.37）[155]。该问题可以从两个方面获得解释。第一，OPTA Client 系统与 Champdas Master 系统的数据结果中关于传球的不一致部分主要来自对短传球长度定义的差异，两者相似的总传球数量可以说明这一点。此外，通过复盘采集工作，我们发现传球长度与角度的结果分歧在很大程度上是操作员标注与录入的误差造成的。这类误差往往产生于采集人员在球场缩略图中进行手工标注的过程中。例如，如果持球队员将球斜传给左前方的队友，而操作员手动定位的传球路线与底线平行线之间的角度小于15° 时，系统会自动将传球识别成横传球。因此，如果操作员没有观察清楚或者标注仔细的话，鼠标定位与实际场景之间关于传球方向上的误差就会出现。事实上，此类问题也在其他比赛表现分析系统中出现过，如 Prozone MatchViewer 系统[62, 161]和 Trak performance 系统[55, 169]。第二，操作员在采集过程中的观察与采集也会受到实时视频画面的影响。滕加和阿尔宾[282]曾经发现，摄像机转播画面的角度、画面大小与特写镜头等因素都会对比赛事件所在区域的定位增加难度。所以当操作员进行手工标注时，比赛事件的标注定位、距离以及长度都会存在误差问题。

总而言之，最大的技术误差问题是操作员难以一致地在场地缩略图上标注比赛事件发生地点的坐标。当然这些问题也可以通过扩大传球角度的定义范围来简化指标的分类。除了系统中定义的斜传球之外，也有研究成果提到建立四种类型的传球类别，将角度间隔定义为90°[269]，即为向前、向左、向右以及向后。此外，应该进一步开发关于球员技战术行为定位的自动追踪工具并将其集成到整个采集过程中，以避免采集人员的主观误差。当然，结果仍然表明，在采集和识别特定比赛事件方面操作员进行实时比赛数据采集时出现的误差被认为是可以接受的，这显示系统良好的可靠性。

比赛中所采集数据的质量对运动表现分析、运动执教、媒体报道与科学研究都有重要的影响[7, 12, 283]。本研究表明，Champdas Master 系统采集到的实时比赛数据有较高的有效性和可靠性。无论从实践的角度还是理论的角度，教练员、体育科研人员和媒体都能够从该系统中获得可靠的技战术表现数据。此外，未来的研究可以从更宽泛的角度评估该系统的适用性，如应用于五人制比赛等。

（四）小结

对专家的意见反馈分析证明了 Champdas Master 系统的比赛技战术表现指标的有效性。而且，较低的标准化典型误差、较高的 Kappa 系数和较高的组内相关系数表明使用该系统收集的比赛数据拥有较高的组内和组间可靠性。研究结果显示，Champdas Master 系统可以有效、可靠地进行实时足球比赛的数据采集工作。该系统本身和其产生的统计数据能够可靠地被用于执教球队、学术研究和媒体报道。

当然，与 Amisco Pro 系统类似，根据教练员执教的个性化需求和技战术演变趋势，会有越来越多的新型指标出现，此类半自动化计算机比赛表现分析系统仍要根据指标的不同类型进行相对应的信效度检验。

第二节　情境因素影响

一、情境因素对足球比赛表现的影响

足球运动表现分析中常被探讨的情境因素包括比赛场地、对手质量、比赛结果、比赛时段和不同位置等[57, 113–115, 284, 285]。

大量顶级联赛的实证研究已经证明了主场效应对比赛表现的影响[286, 287]。莱特[288]对2015—2016赛季欧洲主要职业联赛进行研究时发现，比利时、意大利、西班牙等本土联赛主场获胜场次占所有胜利场次的比例接近60%。类似的结果也在针对中超联赛2014—2016赛季的研究中出现过[289]。但不可否认的是，在现代职业足球领域，主队的比赛优势也在逐渐缩小[116, 290]。造成这种情况的原因较为复杂。比如，随着足球产业市场化程度的提高，越来越多非本土球员出现在不同国家的职业足球俱乐部中。对于他们来说，对主场的领土意识和熟悉程度并不是那么明显[119]。

对手质量也是影响比赛表现的重要情境因素之一[291]。例如，在与比自己弱的对手进行比赛时，球队会出现更高的控球率，并伴随着更好的技战术表现[292]。其他研究也发现，对手质量会对体能表现产生相应的影响[113, 293, 294]。主场优势的计算基于比赛结果与积分，这也就意味着当球队实力明显强于对手时，无论是主场还是客场，球队的胜率往往都会比较高。因此，在比赛表现分析过程中考虑主、客场因素的同时还应该考虑本队实力和对手实力带来的影响[57]。此外，球队、球员所展现的运动行为还受到了比分状态、比赛结果因素的影响[115]。例如，获胜球队在控球率、射门频次与效率等指标上要高于平局和失利球队[124, 295, 296]。

前人在研究中已经强调了在评估运动表现时考虑情境变量的重要性[34]。在研究方法中纳入情境变量、比赛时序关系等因素，能够更稳定、更有针对性地对比赛表现进行分析和成果输出。

二、案例分析：比赛地点和球队质量影响下的足球比赛表现分析

足球比赛被认为是具有复杂性、自组织性、非稳定性、高度动态特征且难以预知的团队运动项目，同时对阵双方会在比赛中尽全力去保持各自运动表现的稳定程度[108]。所以，足球比赛表现分析不能忽视本队实力和对手实力对球队比赛表现的影响。而现代足球赛事积分体系规定以比赛结果对应单场积分，当球队实力明显强于对手时，无论是主场还是客场，球队的胜率都会比较高。总体来说，在比赛表现分析过程中考虑球队质量的同时还应该考虑比赛地点带来的影响。

关于比赛表现稳定性的研究主要集中在情境因素对数场比赛表现指标变异性的研究上，缺少大样本量的研究。为了探索球队比赛表现的长期演变趋势与特征，本研究以中超联赛为案例进行分析，结合球队质量因素对中超联赛连续6个赛季的球队比赛表现进行研究，即对球队在比赛地点和球队质量影响下的比赛表现进行分析，识别关键比赛表现特征。

（一）研究样本与变量

本研究以2012—2017赛季中超联赛的比赛表现行为作为研究对象。中超联赛每个赛季共有16支球队进行角逐，共240场比赛。剔除11场未收集到数据或存在数据丢失的比赛，2012—2017各赛季中超联赛中1429场比赛的数据被纳入本节的研究样本。

根据数据来源，本研究共选取了27个比赛表现指标，即技战术指标17个，体能指标11个。技战术指标包括射门、射正、角球、传中、控球率、对方半场控球率、传球、传球成功率、向前传球、向前传球成功率、攻入进攻三区、攻入禁区、50–50争抢成功率、犯规、越位、黄牌、红牌。体能指标包

括总跑动距离、控球时跑动距离、非控球时总跑动距离、冲刺跑距离、冲刺跑次数、控球时冲刺跑距离、非控球时冲刺跑距离、高速跑距离、高速跑次数、控球时高速跑距离、非控球时高速跑距离。

（二）研究方法

首先，基于球队质量概念对中超联赛各球队的排名进行水平分层，并借助运动表现分析学的运动表现档案技术对各队运动表现进行归档。按照前人成果的研究范式[133]，结合赛季终的球队排名情况将16支中超球队分为4个水平梯队，即第一梯队（赛季终排名1~4名）、第二梯队（赛季终排名5~8名）、第三梯队（赛季终排名9~12名）、第四梯队（赛季终排名13~16名）。

其次，将比赛地点（主场和客场）因素纳为研究变量之一。球队比赛表现的变异性是通过变异系数来表示的。变异系数为标准差与平均数的比值，各个比赛表现指标的变异系数被用来观察不同水平球队之间的表现差异[249]。同时，以95%置信区间进行推断。

最后，使用一般线性模型（general linear model）和多元方差分析（multivariate analysis of variance，MANOVA）来分析不同的组间差异。

（三）研究结果与讨论

通过组间效应检验，能够发现只有部分进攻相关指标的变异性会根据比赛地点产生显著的变化（见表5-9），包括对方半场控球率、传球次数和攻入对方禁区次数等。在主客场因素的影响下，控球时冲刺跑距离和高速跑距离显示出明显的差异。

而在对不同水平梯队球队在主客场的比赛表现的多变量分析中（见表5-10），各梯队之间大部分指标的变异程度不存在显著性差异，只有两个技战术表现指标存在较大的差异，即传球成功率和越位。其中，传球成功率的显著性差异存在于第一梯队和第四梯队之间，第二梯队和第四梯队之间。越位的显著性差异存在于第一梯队和第四梯队之间。此外，针对主客场影响下四个水平梯队之间比赛表现的多变量分析结果显示其变异性较小。

表5-10 主客场对球队比赛表现的影响

指标	主场	客场	平方和	均方	F 值	显著性	偏 Eta 方
对方半场控球率	0.138 ± 0.028	0.151 ± 0.028	0.005	0.005	5.366	0.022	0.042
传球	0.207 ± 0.038	0.224 ± 0.044	0.008	0.008	4.413	0.038	0.035
攻入对方禁区次数	0.457 ± 0.092	0.505 ± 0.102	0.113	0.113	11.099	0.001	0.084
黄牌	0.672 ± 0.151	0.589 ± 0.123	0.235	0.235	12.830	0.000	0.096
控球时冲刺跑距离	0.239 ± 0.050	0.261 ± 0.050	0.015	0.015	5.516	0.020	0.044
高速跑距离	0.151 ± 0.031	0.168 ± 0.032	0.007	0.007	5.758	0.018	0.045

注：以上指标仅为研究结果中具有显著性差异的指标。

表5-11 对不同水平梯队球队在主客场的比赛表现的多变量分析结果

指标	均值 ± 标准差				
	第一梯队（n=31）	第二梯队（n=33）	第三梯队（n=32）	第四梯队（n=33）	总计（n=129）
射门	0.322 ± 0.061	0.333 ± 0.063	0.364 ± 0.081	0.359 ± 0.078	0.344 ± 0.073
射正	0.444 ± 0.097	0.493 ± 0.069	0.510 ± 0.128	0.519 ± 0.128	0.492 ± 0.111
角球	0.505 ± 0.102	0.520 ± 0.122	0.585 ± 0.119	0.544 ± 0.122	0.539 ± 0.119
传中	0.405 ± 0.058	0.417 ± 0.087	0.405 ± 0.085	0.403 ± 0.069	0.408 ± 0.075
控球率	0.113 ± 0.017	0.122 ± 0.023	0.128 ± 0.024	0.126 ± 0.029	0.122 ± 0.024
对方半场控球率	0.140 ± 0.026	0.141 ± 0.027	0.146 ± 0.031	0.150 ± 0.032	0.144 ± 0.029

续表

指标	均值 ± 标准差				
	第一梯队（n=31）	第二梯队（n=33）	第三梯队（n=32）	第四梯队（n=33）	总计（n=129）
传球	0.215 ± 0.032	0.219 ± 0.045	0.215 ± 0.044	0.229 ± 0.048	0.220 ± 0.043
传球成功率	0.059 ± 0.015*	0.058 ± 0.015*	0.063 ± 0.015	0.070 ± 0.018	0.063 ± 0.016
向前传球	0.180 ± 0.033	0.179 ± 0.045	0.175 ± 0.032	0.194 ± 0.054	0.182 ± 0.042
向前传球成功率	0.112 ± 0.032	0.116 ± 0.027	0.115 ± 0.031	0.127 ± 0.031	0.118 ± 0.030
攻入进攻三区	0.255 ± 0.045	0.261 ± 0.050	0.272 ± 0.064	0.283 ± 0.061	0.268 ± 0.056
攻入禁区	0.488 ± 0.119	0.466 ± 0.094	0.474 ± 0.097	0.496 ± 0.105	0.481 ± 0.103
50–50争抢成功率	0.121 ± 0.027	0.113 ± 0.032	0.121 ± 0.039	0.108 ± 0.028	0.116 ± 0.032
犯规	0.246 ± 0.056	0.263 ± 0.047	0.245 ± 0.043	0.276 ± 0.074	0.258 ± 0.057
越位	0.667 ± 0.123	0.709 ± 0.203	0.761 ± 0.163	0.784 ± 0.181**	0.731 ± 0.175
黄牌	0.635 ± 0.113	0.600 ± 0.144	0.638 ± 0.132	0.616 ± 0.166	0.622 ± 0.140
红牌	3.135 ± 0.810	3.10 ± 0.769	2.902 ± 0.753	3.036 ± 0.784	3.043 ± 0.775
总跑动距离	0.041 ± 0.009	0.043 ± 0.008	0.044 ± 0.011	0.044 ± 0.011	0.043 ± 0.010
控球时跑动距离	0.142 ± 0.021	0.144 ± 0.025	0.148 ± 0.025	0.151 ± 0.031	0.146 ± 0.026
非控球时总跑动距离	0.143 ± 0.026	0.139 ± 0.026	0.136 ± 0.021	0.130 ± 0.029	0.137 ± 0.026
冲刺跑距离	0.198 ± 0.041	0.204 ± 0.043	0.198 ± 0.039	0.211 ± 0.051	0.203 ± 0.044
冲刺跑次数	0.184 ± 0.038	0.187 ± 0.040	0.185 ± 0.035	0.198 ± 0.048	0.188 ± 0.041

续表

指标	均值 ± 标准差				
	第一梯队（n=31）	第二梯队（n=33）	第三梯队（n=32）	第四梯队（n=33）	总计（n=129）
控球时冲刺跑距离	0.259 ± 0.055	0.260 ± 0.051	0.237 ± 0.056	0.260 ± 0.048	0.254 ± 0.053
非控球时冲刺跑距离	0.256 ± 0.063	0.265 ± 0.050	0.266 ± 0.053	0.271 ± 0.060	0.264 ± 0.056
高速跑距离	0.152 ± 0.031	0.166 ± 0.027	0.168 ± 0.036	0.167 ± 0.041	0.164 ± 0.034
高速跑次数	0.146 ± 0.032	0.163 ± 0.025	0.165 ± 0.035	0.164 ± 0.039	0.160 ± 0.034
控球时高速跑距离	0.194 ± 0.042	0.201 ± 0.044	0.215 ± 0.042	0.214 ± 0.048	0.206 ± 0.044
非控球时高速跑距离	0.201 ± 0.040	0.209 ± 0.039	0.206 ± 0.040	0.201 ± 0.046	0.204 ± 0.041

注：* 表示与第四梯队相比有显著性差异（$P < 0.05$）；** 表示与第一梯队相比有显著性差异（$P < 0.05$）。

从技战术表现的角度来看，无论是主场还是客场，球队的防守表现都相对稳定。但在比赛地点影响下，对方半场控球率、传球、攻入对方禁区次数、控球时冲刺跑距离和高速跑指标都出现了较大的变异波动。拉戈－佩纳斯和拉戈－巴列斯特罗[127]发现，主场球队比客场球队有更好的技术表现，这以传球、射门进球指标为主，当丢掉控球权时则相反。此外，球队在客场作战时比主场作战时在进攻三区的活动时间更少，而在防守三区的活动时间更多[297]。本研究结果在射门进球指标上没有差异。同时，控球时冲刺跑距离和高速跑指标展现了较大变异性。格雷格森、德鲁斯特、阿特金森等[298]的研究也证明了在球队控球时高强度跑的距离有着更高的变异性。此外，卡林、布莱德利、马克科尔等[142]在对某支顶级球队的表现进行分析时也发现，球员的高速跑指标在比赛过程中和各场比赛之间都具有高度变异性。

不同水平梯队的变异差异主要来自第一梯队、第二梯队与第四梯队之间，这说明这些梯队之间仍然存在着较大的实力差异。越位指标上的差异说明中超联赛排名靠前的球队往往在比赛中采用比较积极和富有侵略性的战术策略[287]，而传球准确性上的差异体现了第一梯队和第二梯队的比赛表现较为稳定。该研究结果也支持已有的相关研究结果，较高的传球效率会提高比赛表现，并帮助球队取得成功。在体能表现方面，整体上不同水平的球队之间的变异差异不明显，但拉匹尼尼、科茨、卡斯塔尼亚等[293]对某欧洲顶级联赛球队整个赛季的比赛体能表现进行变异性研究时发现，当面对排名较低的对手时，球队体能表现会出现下降的趋势。本研究未能发现体能表现的此类差异。此方面的具体差异还应该结合不同结果情境和各年度变化趋势进行更为具体的分析和研究。

（四）小结

对中超联赛球队多个赛季比赛表现样本的分析发现，在比赛地点影响下，对方半场控球率、传球、攻入对方禁区次数、控球时冲刺跑距离和高速跑指标都出现了较大的变异波动。在考虑球队质量因素的情况下，比赛表现指标整体变异性较小，部分变异波动主要来自传球准确率和越位指标（第一梯队和第四梯队，第二梯队和第四梯队）。针对主客场影响下四个梯队之间比赛表现的多变量分析结果显示变异性不明显。本研究作为基础研究将有助于后续对中国职业足球比赛表现的关键特征进行更为深入的研究。

三、案例分析：不同比赛结果下的足球比赛表现分析

作为情境因素之一的比赛结果，是我们评判球队和球员运动表现是否成功以及球队和球员优劣势的重要参考标准[57, 299]。在不同比赛结果中，球队与球员的运动表现行为也随着胜负关系的变化而显现不同的特征[300]。

本研究以中超联赛为案例，通过定量研究的方法，对2012—2018年7个赛季中不同比赛结果下球队的运动表现进行对比分析，以探寻不同比赛结果下中超联赛球队比赛技战术表现与体能表现的关键特征，为教练员团队的训练设计与战术安排提供理论参考与依据。

（一）研究样本与变量

本研究将中超联赛的比赛表现行为作为研究对象。研究样本纳入了2012—2018年7个赛季的2812组比赛数据。

研究变量主要包括每场比赛各球队的技战术与体能表现数据和每场比赛的比赛结果（即胜、平、负）。根据数据来源，共选取了45个比赛表现指标，即技战术指标16个、体能指标29个。其中，技战术指标包括射门、射正、角球、传中、控球率、对方半场控球率、传球、传球成功率、向前传球、向前传球成功率、攻入进攻三区、攻入禁区、50–50争抢成功率、犯规、越位、黄牌。体能指标包括总跑动距离、上半场总跑动距离、下半场总跑动距离、控球时跑动距离、上半场控球时跑动距离、下半场控球时跑动距离、非控球时总跑动距离、上半场非控球时跑动距离、下半场非控球时跑动距离、冲刺跑距离、冲刺跑次数、上半场冲刺跑距离、下半场冲刺跑距离、控球时冲刺跑距离、上半场控球时冲刺跑距离、下半场控球时冲刺跑距离、非控球时冲刺跑距离、上半场非控球时冲刺跑距离、下半场非控球时冲刺跑距离、高速跑距离、高速跑次数、上半场高速跑距离、下半场高速跑距离、控球时高速跑距离、上半场控球时高速跑距离、下半场控球时高速跑距离、非控球时高速跑距离、上半场非控球时高速跑距离、下半场非控球时高速跑距离。

（二）研究方法

2012—2018赛季共计1680场比赛，本研究剔除了259场出现红牌的比赛，以及15场未收集到数据或存在比赛数据丢失的比赛，得到1406场比赛，每场比赛包含对阵双方两组数据，共2812组比赛数据。将2812组比赛数据导入表格软件进行初步整理，并根据比赛结果对研究样本进行划分，获得胜利球队数据1014组，失利球队数据1014组，平局数据784组。

将胜利、失利和平局情况下的球队比赛表现数据指标导入SPSS 25.0软件中，使用混合线性模型（linear mixed models）得出不同比赛结果下的各指标的P值、F值，以及均值与标准差。将$P<0.05$定义为具有显著性差异。

根据澳大利亚霍普金斯教授提出的“数据级数推断”（magnitude–base

Inference，MBI）理论与科恩D效应量理论，将原始数据导入霍普金斯教授开发的表格中得出不同比赛结果之间的差异，并确定效应量（effect size）及其90%置信区间[301, 302]。对各指标均值与标准差结果的差异可能性进行评估，差异大小评估如下：小于0.20为无意义、微小差异；0.2至0.6为小差异；大于0.6至1.20为中度差异；大于1.2至2.0为大差异；大于2.0为非常大的差异，如果均值差异的置信区间不同时包括实质性的正值与负值，则认为差异很明显[301, 303, 304]。

采取皮尔逊积矩相关检验对所选体能指标和技战术指标的关系进行分析判别。相关关系（r值）的大小评估如下：极弱相关或无相关（$r<0.1$），弱相关（$0.1\leqslant r<0.3$），中等程度相关（$0.3\leqslant r<0.5$），强相关（$0.5\leqslant r<0.7$），非常强相关（$0.7\leqslant r<0.9$），极强相关（$0.9\leqslant r<1$）以及完全相关（$r=1.0$）[304]。

（三）研究结果与讨论

1. 技战术表现对比结果与分析

本研究通过混合线性模型得出不同比赛结果下的各指标的差异特征。如表5-11所示，区分胜利、平局和失利球队比赛技战术表现特征的指标包括射门，射正，传中，传球，传球成功率，向前传球，向前传球成功率，50-50争抢成功率，越位。

表5-12 不同比赛结果情境下球队技战术表现分析结果

指标	均值 ± 标准差			混合线性模型		
	负（n=1014）	平（n=784）	胜（n=1014）	F值	P值	事后检验
射门	12.0 ± 4.7	12.2 ± 4.8	13.4 ± 4.8[a, b]	25.798	<0.001	W>（D=L）
射正	4.0 ± 2.3	4.3 ± 2.4[a]	5.9 ± 2.7[a, b]	179.928	<0.001	W>D>L
角球	4.8 ± 2.8	4.8 ± 2.8	4.7 ± 2.6	0.386	0.680	—
传中	15.4 ± 6.8	15.0 ± 7.1	13.6 ± 6.2[a, b]	18.672	<0.001	（D=L）>W
控球率	0.5 ± 0.1	0.5 ± 0.1	0.5 ± 0.1	0.286	0.751	—
对方半场控球率	0.4 ± 0.1	0.4 ± 0.1	0.4 ± 0.1	1.787	0.168	—

续表

指标	均值 ± 标准差			混合线性模型		
	负（n=1014）	平（n=784）	胜（n=1014）	F 值	P 值	事后检验
传球	377.0 ± 89.5	362.8 ± 95.1[a]	369.6 ± 100.4	4.992	0.007	D>L
传球成功率	0.8 ± 0.1	0.8 ± 0.1	0.8 ± 0.1[b]	3.136	0.044	W>D
向前传球	128.2 ± 24.9	123.5 ± 25.3[a]	124.0 ± 25.3[a]	10.151	<0.001	L>（D=W）
向前传球成功率	0.6 ± 0.1	0.6 ± 0.1	0.6 ± 0.1[b]	6.533	0.001	W>D
攻入进攻三区	45.2 ± 13.8	44.4 ± 14.2	44.9 ± 13.8	0.754	0.471	—
攻入禁区	7.0 ± 3.7	6.8 ± 3.8	7.1 ± 3.8	1.259	0.284	—
50–50争抢成功率	0.5 ± 0.1	0.5 ± 0.1[a]	0.5 ± 0.1[a，b]	27.289	<0.001	W>D>L
犯规	15.8 ± 4.7	16.0 ± 4.6	16.3 ± 4.6[a]	3.196	0.041	W>L
越位	2.1 ± 1.7	2.2 ± 1.8	2.4 ± 1.8[a，b]	9.214	<0.001	W>（L=D）
黄牌	1.9 ± 1.2	1.9 ± 1.3	1.9 ± 1.3	0.501	0.606	—

注：[a] 表示与失利队伍比有显著性差异，[b] 表示与平局队伍比有显著性差异；P<0.05表示具有显著性差异；“=”表示两者关系没有显著性差异（P>0.05），“<，>”表示两者关系具有显著性差异（$P \leqslant 0.05$）；“W”表示胜利球队，“D”表示平局球队，“L”表示失利球队。

通过对比失利球队与平局球队的技战术表现（见图5-7）发现，平局球队在传球（ES=−0.15386、P=0.005），向前传球（ES=−0.18962、P<0.001）的2个指标上要低于失利球队；而在射正（ES=0.12968、P=0.028），50–50争抢成功率（ES=0.18089、P<0.001）的2个指标上平局球队要显著高于失利球队。

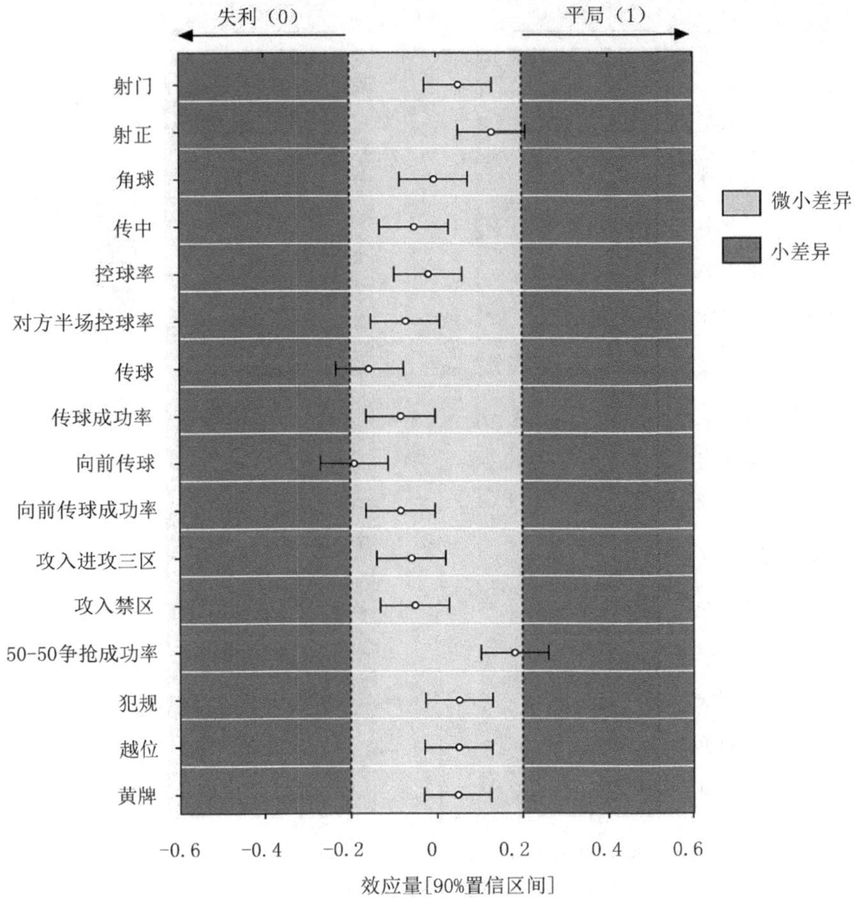

图5-7　失利球队与平局球队比赛技战术表现的对比结果

失利球队和胜利球队比赛技战术表现的对比结果（见图5-8）显示，差异集中在射门（ES=0.30251、*P*<0.001），射正（ES=0.78041、*P*<0.001），50-50争抢成功率（ES=0.32777、*P*<0.001），犯规（ES=0.11162、*P*=0.035），越位（ES=0.18567、*P*<0.001）这5个指标上，胜利球队的这些指标要显著高于失利球队的。而在传中（ES=-0.26606、*P*<0.001），向前传球（ES=-0.16587、*P*=0.001）2个指标上，失利球队要显著高于胜利球队。

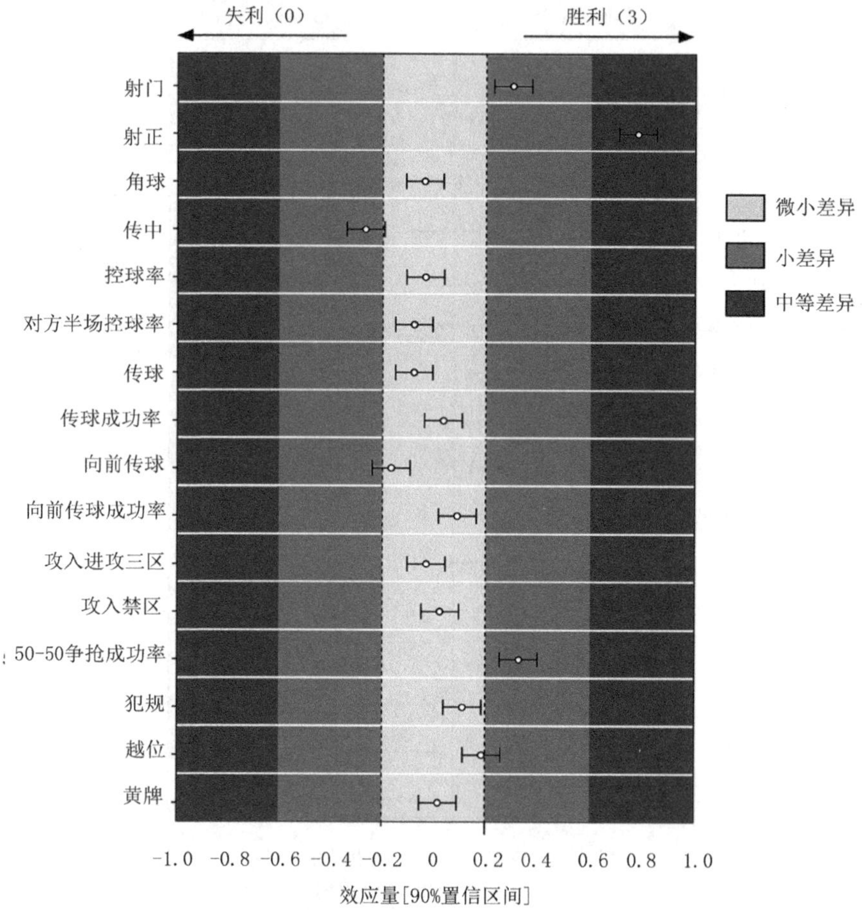

图5-8 失利球队与胜利球队比赛技战术表现的对比结果

平局球队与胜利球队比赛技战术表现的对比结果（见图5-9）显示，胜利球队在射门（ES=0.24696、*P*<0.001），射正（ES=0.65318、*P*<0.001），传球成功率（ES=0.11252、*P*=0.041），向前传球成功率（ES=0.16450、*P*=0.001），50-50争抢成功率（ES=0.14615、*P*=0.007），越位（ES=0.13311、*P*=0.013）这6个指标上要高于平局球队。而平局球队仅在传中（ES=-0.20634、*P*<0.001）这1个指标上要显著高于胜利球队。

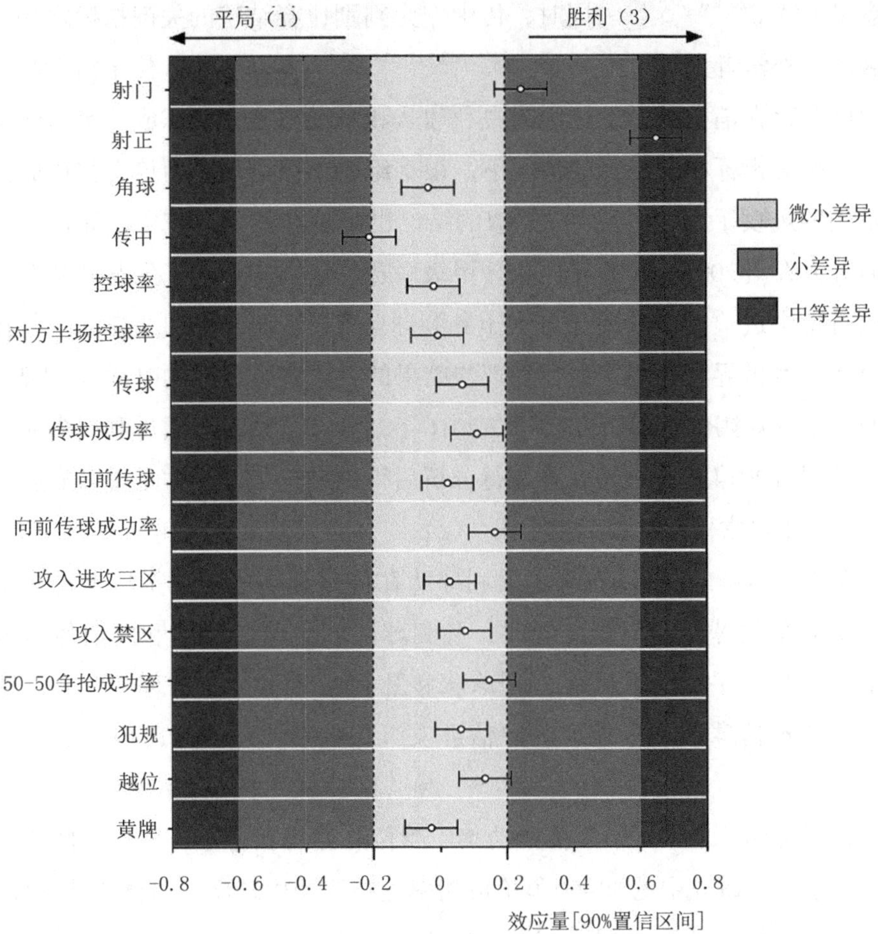

图5-9 平局球队与胜利球队比赛技战术表现的对比结果

根据以上研究结果进行讨论。首先，通过技战术表现分析结果可以发现，不同比赛结果下球队的射门、射正、传中、传球、传球成功率、向前传球、向前传球成功率、50–50争抢成功率、越位这9项技战术指标均存在明显差异。其中，射门、射正、传中、传球、传球成功率等指标的研究成果与针对西班牙甲级联赛[305, 306]、意大利甲级联赛[63, 307]、德国甲级联赛[308]、英格兰超级联赛[309]、欧洲冠军联赛[310]、欧洲杯[311]、世界杯[296]的研究结果类似。

作为进球相关变量的射门和射正指标，胜利球队相较于平局球队和失利球队都有着明显的优势，这说明这两个指标是判别比赛结果的显著性指标。大量研究成果已经证明了这两个指标在不同级别和水平的比赛中都具有显著性意义[49, 63, 308, 310, 312–317]。同时，传中作为判别比赛结果的关键指标之一，已经被国内外学者大量讨论过[23, 48, 295, 305, 315, 318, 319]。本研究中，传中指标与球队获得胜利存在消极关系，这说明失利球队和平局球队在传球成功率与向前传球成功率等指标相对较低的情况下，很难组织正面进攻，而传中往往成为较为常用的进攻手段之一[320]。类似的结论也出现在其他研究中，如拉戈－佩纳斯等人在对2008—2009年西班牙甲级联赛的研究中发现了失利球队在比赛中进行传中进攻的次数要显著多于胜利球队[305]。刘鸿优和戈麦斯[312]在对2014年巴西世界杯小组赛比赛表现与结果的关系进行研究的时候也发现了类似的结果。刘鸿优和彭召方[315]在2016年结合球队质量因素后利用多元逻辑回归模型对2014赛季中超联赛进行分析后得出结论，即传中是排名靠后的球队在比赛中最常使用的技战术手段。

通过表5–11还可以看出，失利球队在传球和向前传球指标上都多于胜利球队和平局球队。但与此同时，胜利球队的传球成功率和向前传球成功率都显著高于平局球队，而失利球队和胜利球队不存在显著性差异，这说明仅仅通过传球数量不能准确评估进攻组织效率，还要考虑传球成功率的因素[314, 315]。

除此之外，在50–50争抢成功率、越位和犯规指标上，胜利球队要明显优于对手。本研究中的50–50争抢成功率是指比赛中球队总对抗成功的概率，包括空中对抗和地面对抗[321, 322]。沙曼托、马塞利诺、安格拉等[48]在2014年对53篇足球比赛表现分析研究成果进行定性综合评价时发现，比赛中胜利球队表现出更多的空中对抗成功率、解围和拦截次数，相对的是更少的传中和传球次数。50–50争抢成功率和犯规指标上的显著性差异说明了胜利球队在技战术行为上更积极主动，并更富有侵略性特征[323]。而越位指标上的差异说明了进攻球员对对手防线的积极压迫，也是胜利球队的关键进攻特征。刘鸿优、霍普金斯和戈麦斯[295]于2015年对320场势均力敌的西班牙甲级联赛比赛（比分差距小于等于2球）进行研究时发现，越位与比赛获胜有着积极的内在联系，并常与进攻三区的渗透性传球联系在一起。谢军和刘鸿优[49]在针对2014—2015赛季中超联赛的研究中发现，排名靠前的球队、胜利球队以及主场球队的越位数量都高于对手。

由此可见，在比赛中获胜的球队在进攻组织效率和进球效率上要明显高于平局或失利的球队。而失利球队和平局球队虽然在传球指标上占据数量优势，但进攻组织效率较差，攻门效果不理想。

2. 体能表现对比结果与分析

表5–12展示了不同比赛结果下球队体能表现的差距。其中，总跑动距离、上半场总跑动距离、上半场控球时跑动距离、下半场控球时跑动距离、上半场非控球时跑动距离、下半场非控球时跑动距离、冲刺跑距离、冲刺跑次数、上半场冲刺跑距离、下半场冲刺跑距离、控球时冲刺跑距离、上半场控球时冲刺跑距离、下半场控球时冲刺跑距离、非控球时冲刺跑距离、上半场非控球时冲刺跑距离、下半场非控球时冲刺跑距离、高速跑距离、高速跑次数、下半场高速跑距离、控球时高速跑距离，上半场控球时高速跑距离，下半场控球时高速跑距离，非控球时高速跑距离、上半场非控球时高速跑距离、下半场非控球时高速跑距离共25个指标存在显著性差异。

对比失利球队与平局球队的比赛体能表现发现（见图5–10），平局球队在下半场控球时跑动距离（ES=–0.28482、P<0.001），上半场非控球时跑动距离（ES=–0.23565、P<0.001），非控球时冲刺跑距离（ES=–0.29799、P<0.001），上半场非控球时冲刺跑距离（ES=–0.14201、P=0.008），下半场非控球时冲刺跑距离（ES=–0.33674、P<0.001），高速跑距离（ES=–0.1266、P=0.037），下半场高速跑距离（ES=–0.16436、P=0.001），非控球时高速跑距离（ES=–0.24339、P<0.001），上半场非控球时高速跑距离（ES=–0.1985、P<0.001），下半场非控球时高速跑距离（ES=–0.21489、P<0.001）这10个指标上要低于失利球队；而在上半场控球时跑动距离（ES=0.14577、P=0.008），下半场非控球时跑动距离（ES=0.12226、P=0.027），控球时冲刺跑距离（ES=0.27103、P<0.001），上半场控球时冲刺跑距离（ES=0.12046、P=0.046），下半场控球时冲刺跑距离（ES=0.31504、P<0.001），上半场控球时高速跑距离（ES=0.13161、P=0.023）这6个指标上平局球队要显著高于失利球队。

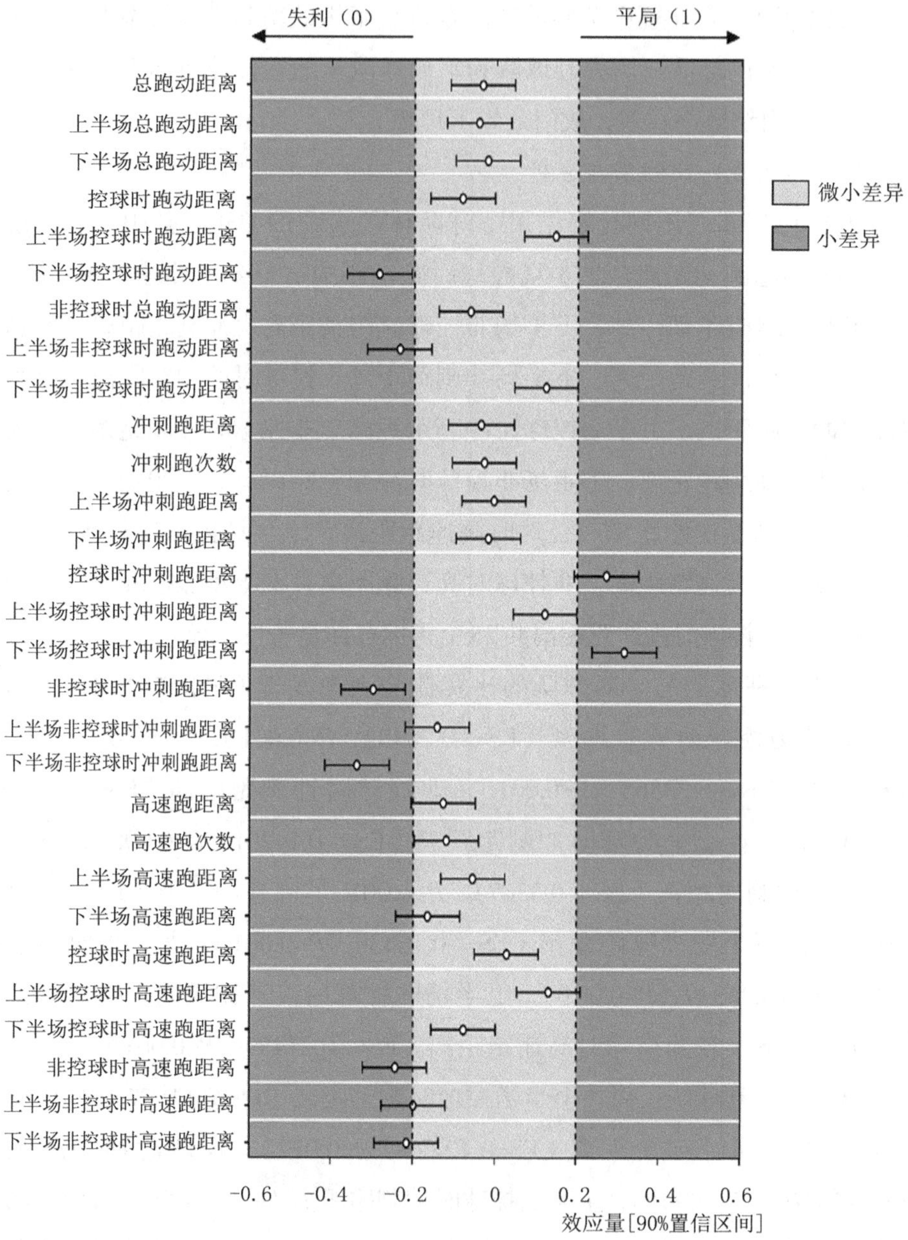

图5-10　失利球队与平局球队比赛体能表现的对比结果

表5-13　不同比赛结果下球队体能表现分析结果

指标	均值 ± 标准差			混合线性模型		
	负（n=1014）	平（n=784）	胜（n=1014）	F值	P值	事后检验
总跑动距离	107 527.8 ± 5 533.2	107 335.3 ± 5 691.9	107 973.8 ± 5 318.3[b]	3.278	**0.038**	W>D
上半场总跑动距离	53 611.0 ± 2 877.0	53 488.8 ± 2 844.6	53 833.8 ± 2 813.2[b]	3.460	**0.032**	W>D
下半场总跑动距离	53 916.9 ± 3 259.2	53 846.6 ± 3 360.9	54 140.1 ± 3 112.2	2.099	0.123	—
控球时跑动距离	36 202.6 ± 5 843.6	35 707.5 ± 6 081.9	35 862.7 ± 6 030.3	1.656	0.191	—
上半场控球时跑动距离	17 650.2 ± 3 301.1	18 132.8 ± 3 317.2[a]	18 884.1 ± 3 485.8[a, b]	34.368	**<0.001**	W>D>L
下半场控球时跑动距离	18 552.5 ± 3 342.6	17 574.8 ± 3 517.9[a]	16 978.7 ± 3 296.0[a, b]	55.999	**<0.001**	L>D>W
非控球时总跑动距离	38 372.5 ± 6 580.6	37 962.5 ± 6 492.8	38 328.3 ± 6 222.0	1.041	0.353	—
上半场非控球时跑动距离	20 091.0 ± 3 750.2	19 231.7 ± 3 536.6[a]	18 721.4 ± 3 526.7[a, b]	37.119	**<0.001**	L>D>W
下半场非控球时跑动距离	18 281.5 ± 3 601.0	18 730.9 ± 3 745.3[a]	19 606.9 ± 3 519.2[a, b]	35.105	**<0.001**	W>D>L
冲刺跑距离	2 072.7 ± 499.0	2 069.2 ± 500.4	2 169.7 ± 504.0[a, b]	11.042	**<0.001**	W>（D=L）
冲刺跑次数	98.6 ± 21.7	98.0 ± 21.3	102.1 ± 21.8[a, b]	9.952	**<0.001**	W>（D=L）
上半场冲刺跑距离	1 032.2 ± 292.5	1 030.6 ± 276.9	1 074.7 ± 292.5[a, b]	7.295	**0.001**	W>（D=L）
下半场冲刺跑距离	1 055.6 ± 295.7	1 049.9 ± 312.3	1 113.6 ± 301.1[a, b]	13.061	**<0.001**	W>（D=L）
控球时冲刺跑距离	955.6 ± 275.3	1 032.4 ± 291.4[a]	1 182.3 ± 324.5[a, b]	150.672	**<0.001**	W>D>L
上半场控球时冲刺跑距离	488.5 ± 174.3	509.6 ± 176.3[a]	564.6 ± 195.7[a, b]	46.435	**<0.001**	W>D>L

续表

指标	均值 ± 标准差			混合线性模型		
	负（n=1014）	平（n=784）	胜（n=1014）	F 值	P 值	事后检验
下半场控球时冲刺跑距离	467.2 ± 163.7	522.9 ± 189.1[a]	617.7 ± 205.2[a, b]	168.047	**<0.001**	W>D>L
非控球时冲刺跑距离	1 076.3 ± 318.2	984.3 ± 299.0[a]	934.2 ± 285.7[a, b]	57.762	**<0.001**	L>D>W
上半场非控球时冲刺跑距离	517.9 ± 194.0	491.4 ± 178.2[a]	479.4 ± 179.2[a]	11.463	**<0.001**	L>（D=W）
下半场非控球时冲刺跑距离	558.5 ± 199.8	493.0 ± 189.4[a]	454.8 ± 170.6[a, b]	79.709	**<0.001**	L>D>W
高速跑距离	2 618.6 ± 506.5	2 561.3 ± 494.2	2 617.3 ± 496.7	3.274	**0.038**	—
高速跑次数	190.0 ± 36.0	185.7 ± 35.6[a]	190.9 ± 35.7[b]	5.044	**0.007**	（W=L）>D
上半场高速跑距离	1 292.0 ± 283.7	1 276.9 ± 266.7	1 307.0 ± 278.9	2.615	0.073	—
下半场高速跑距离	1 345.0 ± 294.1	1 296.8 ± 292.2[a]	1 333.7 ± 283.7[b]	6.475	**0.002**	（L=W）>D
控球时高速跑距离	1 113.4 ± 261.9	1 120.7 ± 260.0	1 186.9 ± 277.5[a, b]	22.676	**<0.001**	W>（D=L）
上半场控球时高速跑距离	536.6 ± 149.3	556.2 ± 148.6[a]	593.2 ± 164.6[a, b]	34.847	**<0.001**	W>D>L
下半场控球时高速跑距离	576.8 ± 161.3	564.5 ± 158.8	593.7 ± 161.2[b]	7.535	**0.001**	W>D
非控球时高速跑距离	1 420.1 ± 337.1	1 339.7 ± 323.0[a]	1 324.4 ± 315.8[a]	24.713	**<0.001**	L>（D=W）
上半场非控球时高速跑距离	709.2 ± 198.2	671.2 ± 184.4[a]	658.0 ± 183.0[a]	19.855	**<0.001**	L>（D=W）
下半场非控球时高速跑距离	710.8 ± 200.4	668.5 ± 193.4[a]	666.4 ± 186.7[a]	16.397	**<0.001**	L>（D=W）

注：[a] 表示与失利队伍比有显著性差异，[b] 表示与平局队伍比有显著性差异；P 值（<0.05）加粗表示具有显著性差异；“=”表示两者关系没有显著性差异（$P>0.05$），“<，>”表示两者关系具有显著性差异（$P \leqslant 0.05$）；“W”代表获胜球队，“D”代表战平的球队，“L”代表失利的球队。

失利球队与胜利球队比赛体能表现的对比结果（见图5-11）显示，胜利球队在上半场控球时跑动距离（ES=0.36335、P<0.001），下半场非控球时跑动距离（ES=0.37214、P<0.001），冲刺跑距离（ES=0.16344、P<0.001），冲刺跑次数（ES=0.15969、P=0.001），上半场冲刺跑距离（ES=0.14531、P=0.003），下半场冲刺跑距离（ES=0.19432、P<0.001），控球时冲刺跑距离（ES=0.75313、P<0.001），上半场控球时冲刺跑距离（ES=0.41096、P<0.001），下半场控球时冲刺跑距离（ES=0.81066，P<0.001），控球时高速跑距离（ES=0.2726、P<0.001），上半场控球时高速跑距离（ES=0.36038、P<0.001）这11个指标上显著高于失利球队；而在下半场控球时跑动距离（ES=-0.47396、P<0.001），上半场非控球时跑动距离（ES=-0.37613、P<0.001），非控球时冲刺跑距离（ES=-0.47003、P<0.001），上半场非控球时冲刺跑距离（ES= -0.20588、P<0.001）、下半场非控球时冲刺跑距离（ES=-0.55817、P<0.001），非控球时高速跑距离（ES=-0.29283、P<0.001）、上半场非控球时高速跑距离（ES= -0.2686、P<0.001），下半场非控球时高速跑距离（ES=-0.22923、P<0.001）这8个指标上，失利球队显著高于胜利球队。

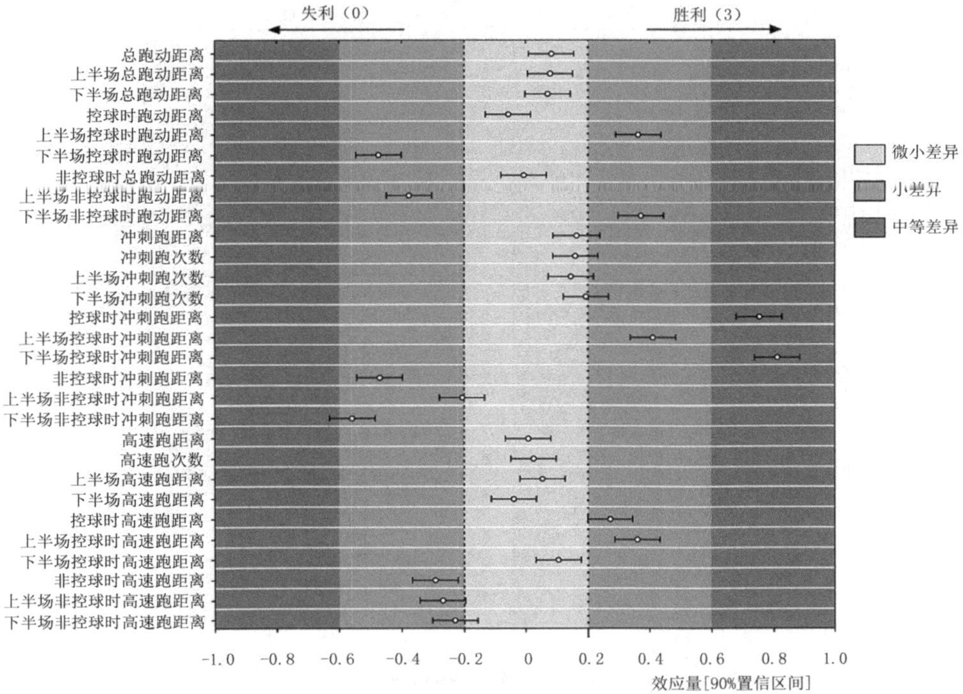

图5-11 失利球队与胜利球队比赛体能表现的对比结果

平局球队和胜利球队比赛体能表现的对比结果（见图5-12）显示，胜利球队在总跑动距离（ES=0.11586、P=0.044），上半场总跑动距离（ES=0.12189、P=0.033），上半场控球时跑动距离（ES=0.22072、P<0.001），下半场非控球时跑动距离（ES=0.24098、P<0.001），冲刺跑距离（ES=0.20002、P<0.001），冲刺跑次数（ES=0.19064、P<0.001），上半场冲刺跑距离（ES=0.15487、P=0.004），下半场冲刺跑距离（ES=0.20767、P<0.001），控球时冲刺跑距离（ES=0.48572、P<0.001），上半场控球时冲刺跑距离（ES=0.2954、P<0.001），下半场控球时冲刺跑距离（ES=0.48009、P<0.001）、高速跑距离（ES=0.13535、P=0.008），下半场高速跑距离（ES=0.12794、P=0.023），控球时高速跑距离（ES=0.24632、P<0.001），上半场控球时高速跑距离（ES=0.23612、P<0.001），下半场控球时高速跑距离（ES=0.18251、P<0.001）这16个指标上显著高于平局球队；而平局球队在下半场控球时跑动距离（ES=−0.1748、P=0.001），上半场非控球时跑动距离（ES=−0.14445、P=0.009），非控球时冲刺跑距离（ES=−0.17139、P=0.001），下半场非控球时冲刺跑距离（ES=−0.2116、P<0.001）这4个指标上显著高于胜利球队。

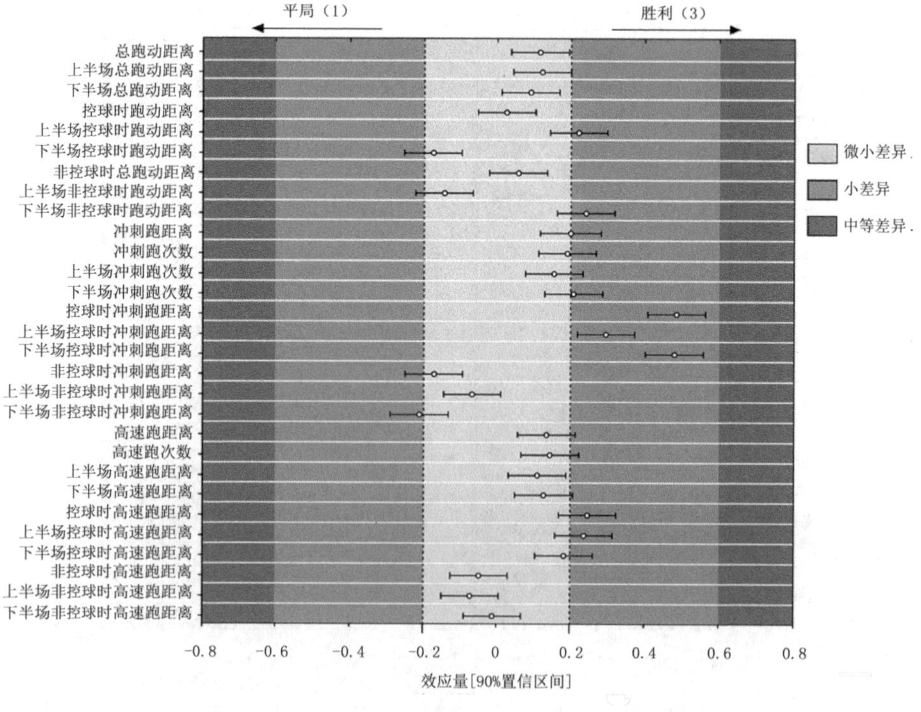

图5-12　平局球队与胜利球队比赛体能表现的对比结果

以上研究结果显示，胜利球队、平局球队和失利球队三者之间在总跑动距离上不存在明显差异，获胜球队的总跑动距离略高于平局球队并仅存在微小差异。相关研究已经证明高水平球员在比赛中的总跑动距离以及高强度跑指标要明显高于低水平球员[143, 176, 324–326]。但在本研究中，因为研究样本都来自同一级别职业联赛，且并未纳入球队质量因素，所以在总跑动距离等指标上差异并不明显。同时，胜利球队在冲刺跑距离和冲刺跑次数上要明显高于平局球队和失利球队，而在高速跑距离和次数上三者之间没有明显差异。布莱德利、希尔顿、伍斯特等[70]发现，英格兰超级联赛的球员往往在没有直接参与进攻或者防守时也要保持高强度的活动，以求创造空间获得同伴的传球或者向对手施压、逼迫对手犯错并重新获得球权。这说明积极的冲刺跑行为为胜利球队在比赛中赢得了更多的主动权。

前人的研究已经证明，足球运动中的冲刺跑距离、次数以及反复冲刺的快速恢复能力与比赛胜利和胜利球队的表现高度相关[59, 65, 67, 176, 214, 327–329]。而胜利球队在冲刺跑距离和次数上的明显优势也在前人针对球员的实验研究中得到了解释。科梅蒂、马菲伊伍莱蒂、泊松等[330]对95名不同级别的法国足球运动员进行无氧能力测试时发现，短距离冲刺（10m、30m）是区分高水平球员和低水平球员的关键指标，并提出冲刺跑能力可能是比赛制胜的关键因素的结论。

但是仅通过比赛的总体跑动行为指标很难看到胜利球队、平局球队和失利球队三者之间具体的差异，尤其是利用大量比赛样本进行研究时，应该考虑到控球状态与非控球状态对球员跑动行为的重要影响[55, 143]。

在控球时跑动阶段，胜利球队在控球时冲刺跑距离上要显著高于平局球队和失利球队，而平局球队要明显高于失利球队。本研究显示，控球时冲刺跑距离是判别比赛结果的关键因素。从体能表现上看，较高的控球时冲刺跑距离说明团队配合中出现了较多围绕球权的冲刺跑动，相对应的，在战术层面出现了更多的战术空间，出现了渗透性传球以及潜在1对1等情境[70, 317, 331]。尽管冲刺跑距离只占球员总跑动距离的1%~12%，冲刺跑时间只占总比赛时间的0.5%~3%，但冲刺跑却是比赛中非常重要的体能表现行为之一[326, 332, 333]。此外，胜利球队在控球时高速跑距离上也要明显高于平局球队和失利球队。

这说明控球时高速跑距离和控球时冲刺跑距离都对比赛胜利有着积极的影响。足球比赛中的高速跑和冲刺跑指标常常被统称为“高强度跑行为”[137, 173, 334]，一般来说，精英球员在比赛中的高强度跑行为占总跑动距离的10%，且每60s出现一次高强度跑行为，每4min出现一次全速冲刺跑行为[55, 335, 336]。前人的研究也证明了比赛中控球时高强度跑与进攻效率的紧密联系。如凯、霍利奥、奥吉等[331]研究发现，将是否攻入禁区作为判别条件时，控球时高强度跑是区别球队进攻效率的重要指标。福德、科赫和迈耶[64]在对德国甲级联赛的360个进球发生时进球球员和助攻球员的体能表现行为进行分析时发现，进球球员的主要动作行为是直线冲刺（45%），其次是跳跃（16%）和冲刺－转身－再冲刺（6%）；而助攻球员出现的最高频动作是直线冲刺（38%）、转身（8%）、跳跃（6%）和冲刺－转身－再冲刺（5%）。他们得出结论，直线冲刺是进球场景下最频繁的体能表现行为。而进球状态下的表现分析是评价足球比赛成功与否最为客观的手段[27, 337]。这说明控球时高强度跑指标是重要的制胜因素。另一项针对意大利甲级联赛的研究发现，胜利球队的球员在控球状态下的高强度跑指标高于其他球队的球员，且往往伴随着更多的短传、成功短传、抢断、运球、射门和射正等技战术行为[63]。在其他针对欧洲高水平职业联赛的研究中也发现了联赛排名较高的球队比排名较低的球队在比赛中出现了更多的高强度跑行为[143, 326, 338]。

当考虑到比赛时段因素（上、下半场）的影响时，胜利球队和平局球队在上半场控球时的总跑动距离、冲刺跑距离、高速跑距离和下半场控球时冲刺跑距离上都明显高于失利球队。在下半场控球时高速跑距离上，胜利球队明显高于平局球队，而平局球队与失利球队之间没有明显的差异。这说明胜利球队和平局球队在上、下半场都保持着控球时高强度跑指标上的优势。胜利球队在上半场保持着较大的跑动距离和较多的高强度跑活动，而下半场的总跑动距离和控球时总跑动距离有所减少，这说明上半场体力消耗较大。关于精英球员比赛中的疲劳累计对下半场体能表现的影响已经被广泛讨论[140, 143, 144, 328, 339]。其中，一个针对20名英格兰超级联赛球员的体能表现行为的研究显示，球员在上半场较大的跑动距离和较多的高强度跑活动会显著影响下半场的体能表现行为，尤其是面对较强对手时[293]。但是本研究结果显示，在总跑动距离指标没有明显差异的情况下，胜利球队仍然在下半场高强度跑指标上占据优势。这说明无论是上半场还是下半场，控球时高强度跑指标都是影响比赛结果的关键因素。同时，失利球队的下半场控球时总跑动距离要明显高于其他两者，而平局球队则明显高于胜利球队。这常常体现为失利球队和平局球队为了获取比赛胜利或者改变现有比赛结果会在下半场选择更为积极主动的进攻方式，投入更多的精力进攻。但较少的高强度跑活动说明其在进攻效率上较差，这与技战术表现分析的结论相一致。胜利球队在下半场依然保持着较高的高强度跑优势则说明在更少跑动距离中胜利一方依然有着较高的进攻效率。

此外，在非控球阶段，失利球队的非控球时冲刺跑距离、非控球时高速跑距离、上半场非控球时的跑动距离、上半场非控球时冲刺跑距离和高速跑距离、下半场非控球时冲刺跑距离和高速跑距离都明显高于平局球队和胜利球队，对应其较低的控球时高强度跑活动量，说明失利球队在比赛中将大量的高强度跑活动消耗在防守行为上，而在进攻上没能获得太多机会。而平局球队在非控球时冲刺跑距离、上半场非控球时跑动距离和下半场非控球时冲刺跑距离等指标上高于胜利球队。这说明平局球队在防守行为上也消耗了大量的体力。这与前人的研究结果相似。在针对不同国家职业联赛的研究以及针对同一国家不同级别联赛的研究中都证明了胜利球队的球员在控球时出现了更多的冲刺跑和高速跑活动，而平局球队和失利球队的球员在非控球时完成了更多的高强度跑行为[143, 340]。相对来说，胜利球队只在下半场非控球时跑动距离上高于平局球队和失利球队，而平局球队和失利球队之间没有明显差异。这说明下半场胜利球队需要在防守中投入更多的力量来应对对方的攻势，但较少的非控球时高强度跑距离和较多的控球时高强度跑距离说明胜利球队在防守上组织良好，并没有给对方太多的进攻空间和机会。

（四）小结

本研究通过对连续7个赛季中超联赛球队比赛表现进行分析发现，在比赛中获胜的球队在进攻组织效率上要明显高于平局或失利的球队；射门、射正、传中、传球成功率、向前传球成功率、50–50争抢成功率和越位等指标存在显著性差异。而失利球队和平局球队虽然在传球指标上占据数量优势，但成功率较低，攻门效果不理想，这说明组织进攻的效率取决于传球的成功率而非数量。此外，50–50争抢成功率、犯规和越位上的显著性优势说明胜利球队在攻防战术组织上更积极，更具有侵略性。

体能表现上也呈现不同的变化特征。冲刺跑距离、冲刺跑次数和控球时高强度跑指标存在显著性差异。胜利球队的优势主要集中在冲刺跑的距离和次数上，同时，在控球状态下胜利球队也完成了更多的冲刺跑和高速跑活动，并伴随着更高的进攻效率。失利球队在非控球时完成了更多的高强度跑行为，其上、下半场的冲刺跑和高速跑活动都集中在非控球时，这说明失利球队将大量高强度跑活动消耗在防守行为上。平局球队的全场控球时冲刺跑显著多于失利球队的，但进攻效率与控球时高强度跑指标仍与胜利球队存在明显差距。

第三节 大数据背景下的比赛表现演变趋势

一、大数据背景下的足球比赛表现分析现存问题

大数据是从多样化的纵向或分布式数据源中产生的大规模复杂数据集[341]。目前，大量现代化的计算机分析系统能够在比赛中即时采集球员的技战术与体能行为信息[34, 56]。而这些数据信息的获取也能够帮助教练员在赛中、赛后即时对球员与球队的比赛表现进行分析与判断，并不断改进训练方式与比赛战术打法[46, 342, 343]。这也使得“大数据”研究在足球项目中成为可能。

虽然足球比赛中数据的可得性和丰富程度有了提高，但目前的研究成果仍然存在以下问题：①指标维度太小，来源单一，无法对足球比赛表现进行全面、综合的分析。②数据量太少，不能稳定地对比赛中的运动表现特征进行解读。③纵向分析缺失。尤其是对我国足球比赛表现的纵向发展趋势和演变规律的探索较少。

第一，现有研究大部分集中于单独的技战术表现分析[115, 306, 309, 344]或者单独的体能表现分析[345–347]，存在指标维度单一的问题，难以对足球比赛技战术表现和体能表现进行综合分析与解读。而真实的足球比赛场景是一个动态变化、相互影响的环境，所以在评估比赛表现时应对技战术和体能表现进行综合探讨[307]。

第二，数年来足球比赛打法风格的发展演变受到了来自比赛规则、国际转会市场、职业化进程和国际赛事版权的变化，以及以 EPTS 运动表现追踪设备、视频助理裁判（VAR）与门线技术为代表的新兴技术等因素的多重影响[348–351]。俱乐部管理人员和教练员团队需要不断进行自我变革和认知更新以适应这种外部变化，才能够最大化地开发球员与球队的竞技能力，并最终提高俱乐部在经济和竞技上的收益[352–354]。

第三，前人的研究成果多为对某一个赛季或者某一届杯赛表现行为的分析探讨，而超过一个赛季周期以上的研究较少[322, 355–357]。但在顶级职业足球联赛的竞争中，传统意义上的强队越来越难以保持成功，我们很难就某一个赛季定义成功运动表现的关键特征。所以相对而言，两个或以上的连续赛季的研究样本对比赛表现关键因素与表现特征的评估更有说服力，且研究结果应用于实践的效果也越稳定[358, 359]。在实际的足球执教环境中，球队打法风格体系的构建需要长时间投入、磨合与完善。球队比赛表现的纵向发展趋势对于俱乐部管理层的团队组织管理、教练员的执教决策具有非常重要的意义。

同时，现代足球比赛对职业球员和球队的体能与技战术的要求显示，不同国家、不同水平的足球比赛在长期的发展中呈现不同的趋势与特征[349, 358–362]。针对英格兰超级联赛，巴恩斯、阿彻、霍格等[359]在不考虑情境因素影响的情况下发现，英格兰超级联赛从2006—2007赛季至2012—2013赛季高强度跑和冲刺跑距离提高了30%~50%，而传球次数增加了40%。此外，还有一项针对1966年至2010年世界杯比赛表现的研究发现，比赛中足球运行速度、传球率、球员的空间密度等指标有着显著升高的纵向发展趋势[349]。尽管这些研究对足球运动表现的长期演变进行了基础性的探讨与研究，但总体上仍然缺乏控制情境因素条件下对比赛表现长时间的纵向分析。

以上问题的出现，限制了研究成果在训练和比赛中的应用效果。所以，在大数据时代，应当避免研究中指标维度单一和样本量较小所造成的片面分析，并加强对历史数据的纵向分析，以求对足球比赛体能和技战术表现的发展规律与趋势进行更为完整、准确、稳定的解读。

二、案例分析：不同赛季足球比赛表现演变趋势分析

随着采集技术的进步，运动表现指标也越来越丰富，研究者对何种方法与手段能够客观有效地测量分析仍然存在争议[260]。在大数据时代，为了更好地对比赛表现进行客观、全面的解释，并保留多种情境因素的信息，多变量分析方法（multi-variable analysis）和复杂数学模型被越来越多地应用于比赛表现分析研究[316]。

本节以中超联赛为样本进行案例分析，对2012—2019年各赛季中超联赛的比赛表现数据进行统计学分析，借助广义混合线性模型（GLMMs），控制住数个比赛情境因素的影响，推算出不同赛季球队的比赛体能和技战术表现纵向发展趋势，并进行探讨与解读，为中国职业足球的长远发展提供学术依据与科学化改革思路。

（一）研究样本与变量

本研究所涉样本为2012—2019年各赛季中超联赛1899场比赛数据。研究变量包括赛季，比赛地点（主、客场），比赛结果（胜、平、负），球队实力（球队的赛季终排名），对手实力（对手球队的赛季终排名）和每支球队每场比赛的跑动指标与技战术指标。基于数据可获得性，被选取的比赛跑动指标和技战术指标分别为12个和20个。参考相关文献，本研究对所有研究变量进行了分组（见表5-13）。

表5-14 研究变量分组

分组			指标
自变量			赛季、比赛地点、比赛结果、球队实力、对手实力
因变量	体能表现指标		跑动总距离（m）、冲刺距离（m）、高速跑动距离（m）、中速跑动距离（m）、低速跑动距离（m）、平均跑动速度（km/h）、冲刺次数（次）、冲刺间歇（min）、单次冲刺平均距离（m）、高速跑动次数（次）、高速跑动间歇（min）、单次高速跑动平均距离（m）
因变量	技战术表现指标	进球射门相关指标	进球数（个）、射门次数（次）、射正率（%）、传球射门比（无单位）
因变量	技战术表现指标	个人控球相关指标	个人控球时间（min）、个人控球次数（次）、进攻三区个人控球次数（次）、个人控球平均触球次数（次）
因变量	技战术表现指标	传球组织相关指标	传球次数（次）、传球成功率（%）、向前场传球次数（次）、向前场传球成功率（%）、传中次数（次）、传中成功率（%）
因变量	技战术表现指标	防守组织相关指标	对抗次数（次）、争抢地面球次数（次）、争抢高空球次数（次）、抢断次数（次）、犯规次数（次）、黄牌数（张）

（二）研究方法

1899场比赛的技战术和体能表现指标皆被导入表格软件中进行处理。添加每场比赛的主客场信息、比赛结果、比赛所处的赛季和每支球队的赛季终排名。将整理好的表格数据导入SAS软件（Studio 3.6版本）进行统计学分析。

采用广义混合线性模型（Proc Glimmix程序），以赛季、比赛地点、比赛结果、球队实力、对手实力为自变量（固定效应），选取赛季作为主效应，以每一项体能跑动指标和技战术指标的数值为因变量进行32次独立的泊松模型创建。所有模型中，球队名称都被添加为随机效应，以识别同一球队参加的多场不同比赛，正确处理重复测量数据。赛季、比赛地点和比赛结果以名义变量的形式加入模型：赛季被命名为“2012—2019”，代表2012—2019年各赛季；比赛场地被命名为“1”（主场）和“2”（客场）；比赛结果被命名为“3”（胜）、“0”（平）和“1”（负）。球队实力和对手实力以连续型变量的形式加入模型，具体处理方法为添加新变量“实力差异”，实力差异=log（球队排名/对手排名）[363]。

创建的广义混合线性模型可以在正确处理重复测量数据的基础上，控制住比赛地点、比赛结果、球队实力、对手实力四个比赛情境因素的影响，估算出不同赛季比赛中球队的体能跑动指标和技战术指标数值。在模型创建之后，采用数据级数推断法（magnitude-based inference）的非临床推断方法对模型结果进行统计学推断，以估算的2012赛季的体能跑动和技战术指标数据为基线值，对比2013—2019年各赛季的各项指标与2012赛季的均值差异。均值差异被转换成ES值（标准化效应值）。对ES值的大小进行以下划分：小于0.2为微小无意义差异；0.2至0.6为小程度差异；大于0.6至1.2为中等程度差异；大于1.2至2.0为大程度差异；大于2.0为非常大程度差异[304]。当ES值的90%置信区间不同时包含 -0.2和0.2时，可认定该差异值是清晰的。差异值为清晰的正值、负值或微小无意义值的可能性可做如下界定：小于0.5%为极其不可能；0.5%至5%为非常不可能；大于5%至25%为很不可能；大于25%至75%为可能；大于75%至95%为很可能；大于95%至99.5%为非常可能；大于99.5%为极其可能[304]。

（三）研究结果与讨论

1. 中超联赛不同赛季体能表现研究结果与分析

图5-13和图5-14展示了中超联赛参赛球队2012—2019年每个赛季的各项跑动指标的场均值。可见，相对于2012赛季，中超球队在2019赛季的场均跑动总距离［ES值、±90%置信区间（后同）：-0.37、±0.11］，中速跑动距离（-0.25、±0.11）和低速跑动距离（-0.56、±0.12）皆出现了小幅度的下降，平均跑动速度则出现了中等幅度的下降（-0.70、±0.12），而高速跑动距离则出现了小幅度的上升（0.31、±0.11），单次冲刺平均距离（0.63、±0.11）和单次高速跑动平均距离（1.06、±0.11）出现了中等幅度的上升。与此同时，中超联赛的球队在2019赛季场均实现的冲刺距离（0.18、±0.11）、冲刺次数（-0.01、±0.11），冲刺间歇（0.04、±0.12），高速跑动次数（0.08、±0.11）和高速跑动间歇（0.00、±0.11）相对于2012赛季只出现了微小、无意义的变化。

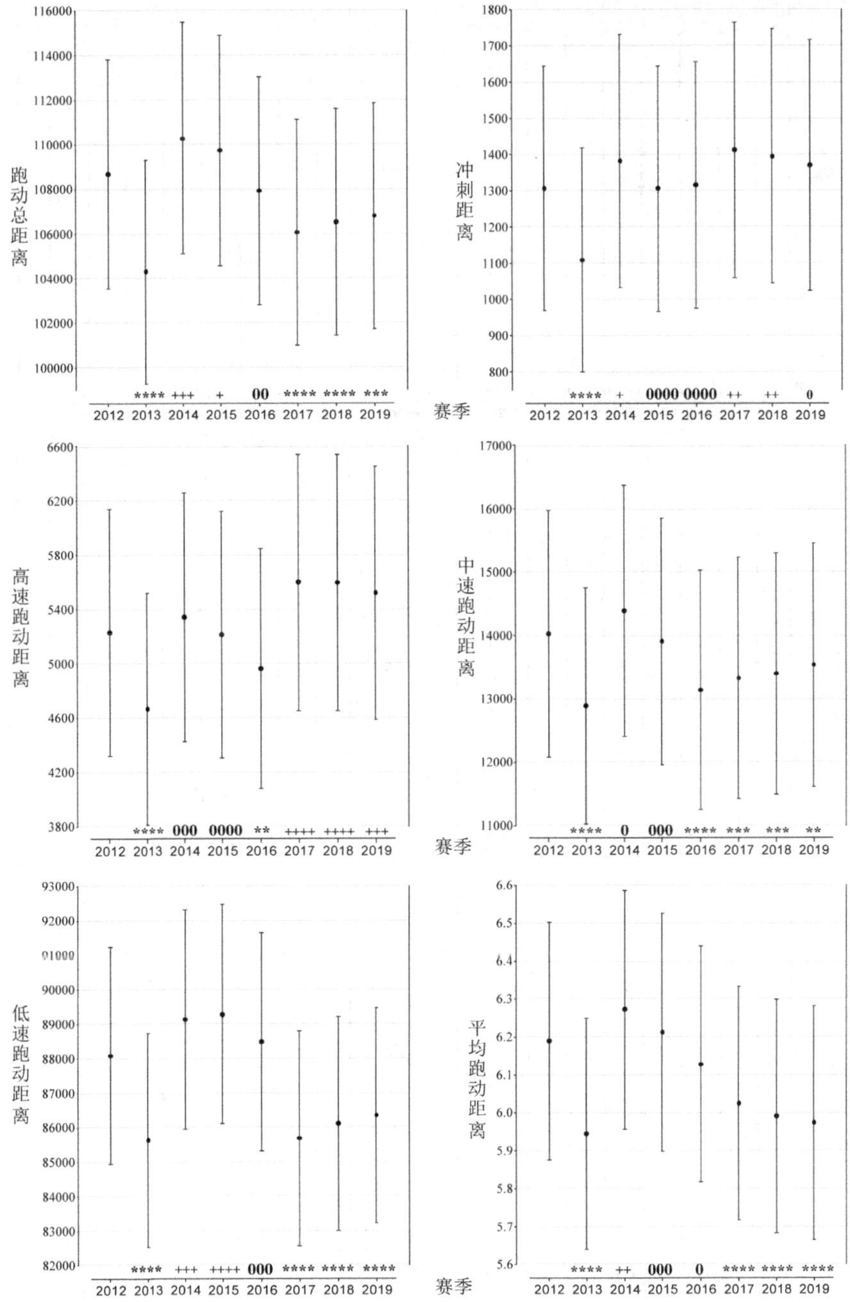

图5-13　广义混合线性模型估算的中超联赛2012—2019年各赛季比赛跑动指标数据(一)

注：黑点代表平均数，误差线代表标准差。符号“0”代表该赛季的数值与2012赛季的差异为微小无意义值，“*”代表差异为负值，“+”代表差异为正值。符号的个数代表可能性的大小，即1~4个分别代表可能、很可能、非常可能和极其可能

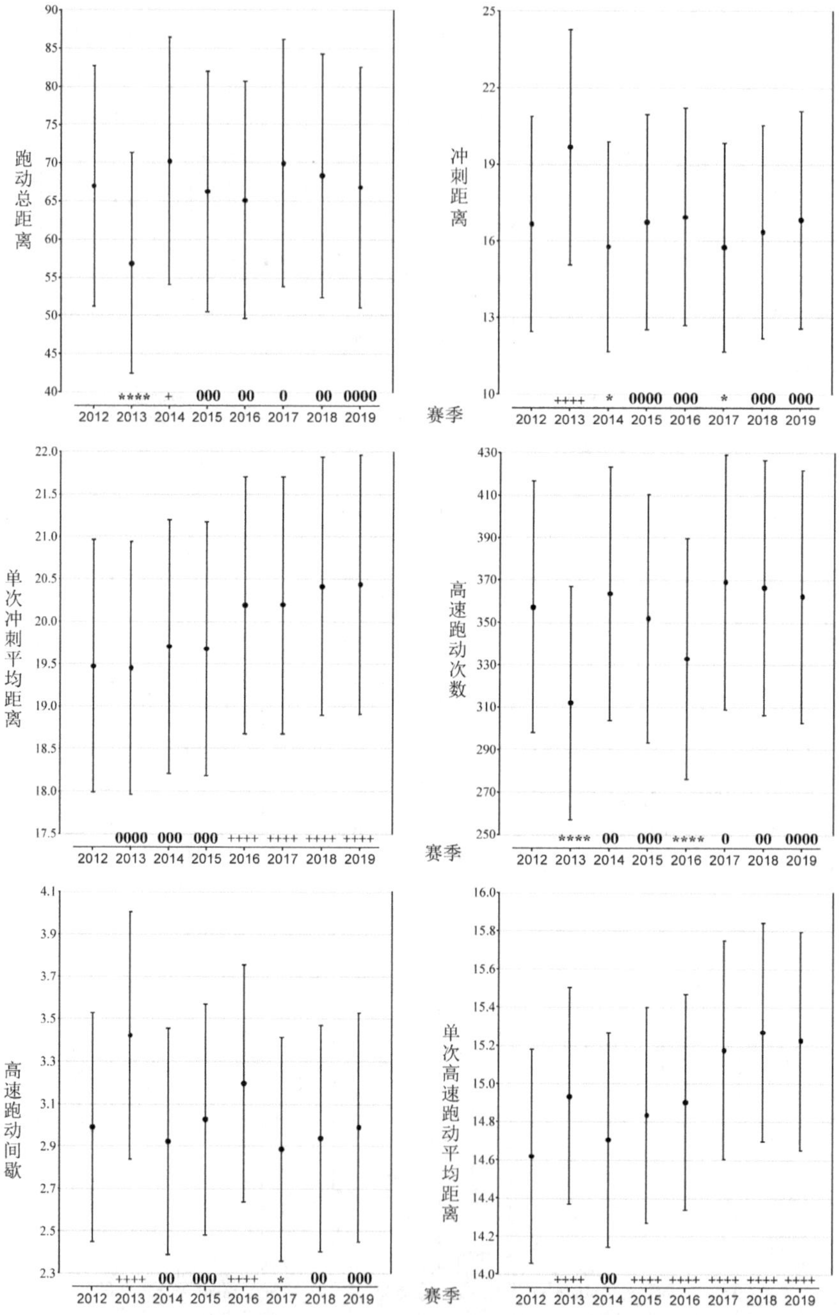

图5-14 广义混合线性模型估算的中超联赛2012—2019年各赛季比赛跑动指标数据（二）

注：黑点代表平均数，误差线代表标准差。符号“0”代表该赛季的数值与2012赛季的差异为微小无意义值，“*”代表差异为负值，“+”代表差异为正值。符号的个数代表可能性的大小，即1~4个分别代表可能、很可能、非常可能和极其可能

根据以上研究结果可以发现，相比于2012赛季，中超联赛的球队2019赛季的场均总跑动距离、平均跑动速度和中低速跑动指标都有不同程度的下降，其中峰值集中在2014赛季，并在随后数年有明显的下降趋势。虽然不同国家的职业联赛存在一定的表现特征差异[160]，但相关研究表明，在不考虑控球因素的情况下，总跑动距离指标在本土联赛的多个赛季中往往趋于相对稳定或者存在一定的下降趋势[46, 146, 359, 364]。通常来说，一场比赛除守门员之外的场上球员的活动包括接近24%的行走、36%的慢跑、20%的跨步跑、11%的冲刺跑、7%的后退运动以及2%的结合球的活动，这意味着在总跑动距离中有接近87%~89%的比例是中低强度的活动[46, 325, 365]，所以总跑动距离的趋势往往与中低速的动作行为的趋势保持一致，而且在比赛时间相对固定的情况下，总跑动距离的下降必然也会带来单位时间内平均跑动速度的下降。另一项针对意大利甲级联赛连续3个赛季的研究也发现，球员的总跑动距离存在着下降的态势，尤其是低强度、中等强度跑动距离持续降低[146]。

研究结果中关于体能表现的上升趋势主要来自高强度跑指标。其中，单次冲刺平均距离和单次高速跑动平均距离等从2014年至2019年呈现较为明显的上升趋势。且高速跑动距离、单次冲刺平均距离和单次高速跑动平均距离都在2017—2019年迎来最高水平。一般来说，高强度跑一般指运动员跑动速度超过19km/h的体能表现行为（本研究中高强度跑的速度标准为超过21km/h），并包括高速跑和冲刺跑等指标[63, 137, 173, 334]。精英球员在比赛中的高强度跑行为占总跑动距离的10%，且每60s将会进行一次高强度跑活动[55, 335, 336]。多项研究已经证明，高强度跑是足球比赛表现的关键要素，能够有效地区分不同级别的球员与球队的比赛表现，并与比赛结果高度相关[63, 67, 143, 338, 366]。而且，比赛中大部分决定性的技战术行为都是在高强度活动中产生的，如通过冲刺获得射门机会、通过冲刺进行抢断以及通过高速跑获得进攻空间等[64]。本研究中虽然高速跑动距离、单次冲刺平均距离和单次高速跑动平均距离都出现了不同程度的上升，但冲刺距离、冲刺次数和高速跑动次数并没有明显变化。该趋势与欧洲足球顶级联赛存在一定的差异。以英格兰超级联赛为例，2012—2013赛季比2006—2007赛季整体高强度跑距离和冲刺跑距离增长了30%和35%，同时高强度活动频率提高了50%[359]。针对同样的研究样本，在考虑球队赛季终排名因素之后，布莱德利、阿彻、霍格等[358]发现连续7个赛季中不同排名的球队的高强度跑表现（次数与距离）水平都有显著提升。而这种差异有可能来自球员个人体能水平上的差距。近年来已经有很多研究证明了足球运动中冲刺跑距离、次数以及反复冲刺的快速恢复能力与成功比赛表现、高水平运动员与运动队都高度相关[59, 65, 67, 176, 214, 327–329]。欧洲职业联赛中越来越长的冲刺距离、越来越多的冲刺次数与越来越短的恢复时间也证明了这一趋势[59, 214, 293, 367]。这说明虽然中超联赛球员近年来高速跑能力存在小幅度的提高，但在冲刺能力以及反复高强度跑能力上没有发展与提高。

通常来说，在职业足球比赛中高强度跑的平均距离和时间都相对较短。以冲刺跑为例，在不考虑位置差异的情况下，每次冲刺的平均距离在20m左右（以≥25km/h为采集标准），且时间不会超过4s[89, 335, 368]。而每次冲刺和高强度跑之间的间歇时间必须充足，并能够确保球员完全恢复至能再次以最大强度来完成下一次跑动行为。在真实比赛场景中，当球员在短时间内以10m、15m、20m和25m的距离执行多次高强度跑行为时，其体内磷酸肌酸会被大量消耗。所以必须在比赛中通过死球状态或比赛进行中的短暂站立、低强度活动（步行）或中等强度活动（慢跑）来进行快速恢复。而比赛中磷酸肌酸重新的合成速率取决于球员的日常训练水平，尤其是冬训期间的体能训练质量[368, 369]。运动员的训练水平越高，肌肉利用氧的能力越强，其无氧阈达到的运动强度就越高，有氧供能水平就越高，体内磷酸肌酸储备的恢复速度就越快，即能够进行更多的高强度跑动[370, 371]。根据足球运动的高强度间歇运动属性[67, 176, 372]，相比于较低水平的球员，高水平球员能够在比赛中更多地重复高强度跑动[143]。所以，中超联赛球队的体能训练计划应该围绕着提高球员在比赛中进行高强度跑的能力来制订，尤其是在反复短间歇高强度跑中快速恢复的能力。

2. 中超联赛不同赛季技战术表现研究结果与分析

如图5–15所示，中超联赛的球队在2019赛季完成的场均进球数（0.16、±0.10），射门次数（0.09、±0.11），射正率（0.16、±0.10）和传球射门比（0.02、±0.12）相对于2012赛季都只出现了微小、无意义的变化。

如图5–16所示，相对于2012赛季，2019赛季中超联赛球员的个人控球时间（0.22、±0.11）和个人控球平均触球次数（0.52、±0.11）出现了小幅度的上升，而个人控球次数（0.04、±0.11）和进攻三区个人控球次数（0.12、±0.11）则只出现了微小无意义的变化。

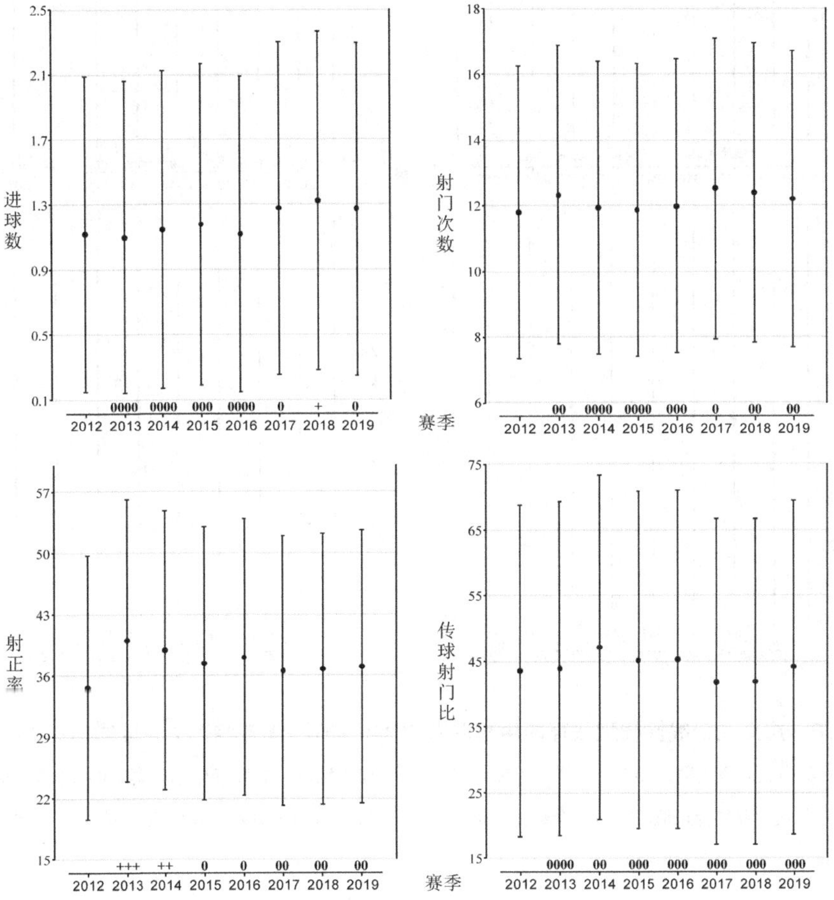

图5–15　广义混合线性模型估算的中超联赛2012—2019年各赛季进球射门相关指标数据

注：黑点代表平均数，误差线代表标准差。符号“0”代表该赛季的数值与2012赛季的差异为微小无意义值，“+”代表差异为正值。符号的个数代表可能性的大小，即1~4个分别代表可能、很可能、非常可能和极其可能

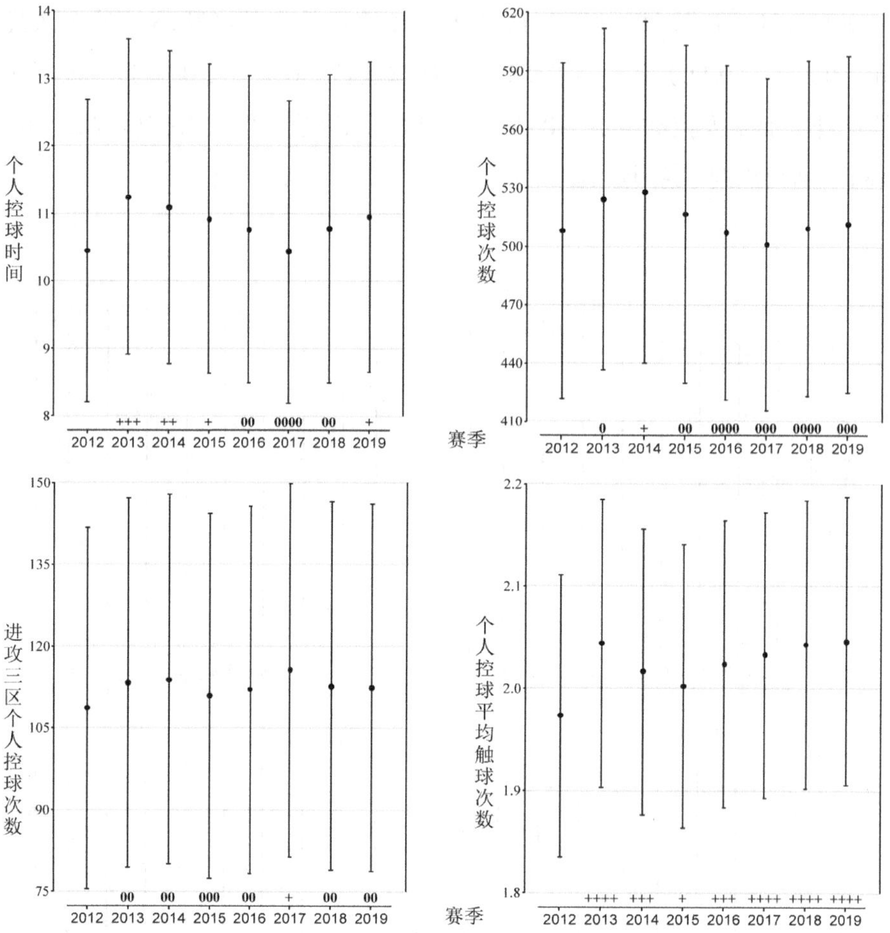

图5-16 广义混合线性模型估算的中超联赛2012—2019年各赛季个人控球相关指标数据

注：黑点代表平均数，误差线代表标准差。符号“0”代表该赛季的数值与2012赛季的差异为微小无意义值，“+”代表差异为正值。符号的个数代表可能性的大小，即1~4个分别代表可能、很可能、非常可能和极其可能

如图5-17所示，中超联赛的球队在2019赛季完成的场均传球次数（0.11、±0.11），向前场传球次数（0.03、±0.11）和传中成功率（-0.05、±0.11）相对于2012赛季都只出现了微小、无意义的变化，而传球成功率（0.49、±0.11），向前场传球成功率（0.43、±0.11）和传中次数（0.38、±0.11）则出现了小幅度的提升。

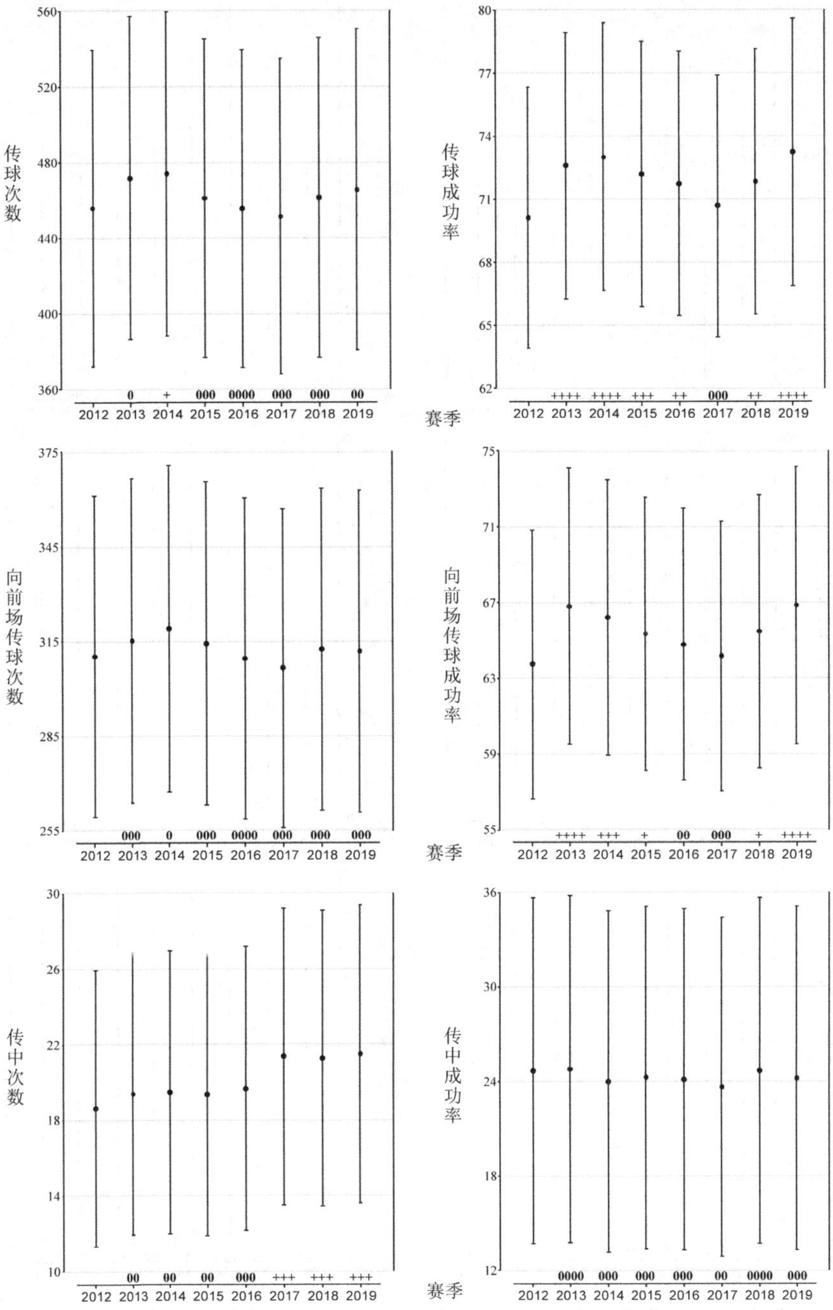

图5-17　广义混合线性模型估算的中超联赛2012—2019年各赛季传球组织相关指标数据

注：黑点代表平均数，误差线代表标准差。符号“0”代表该赛季的数值与2012赛季的差异为微小无意义值，“+”代表差异为正值。符号的个数代表可能性的大小，即1~4个分别代表可能、很可能、非常可能和极其可能

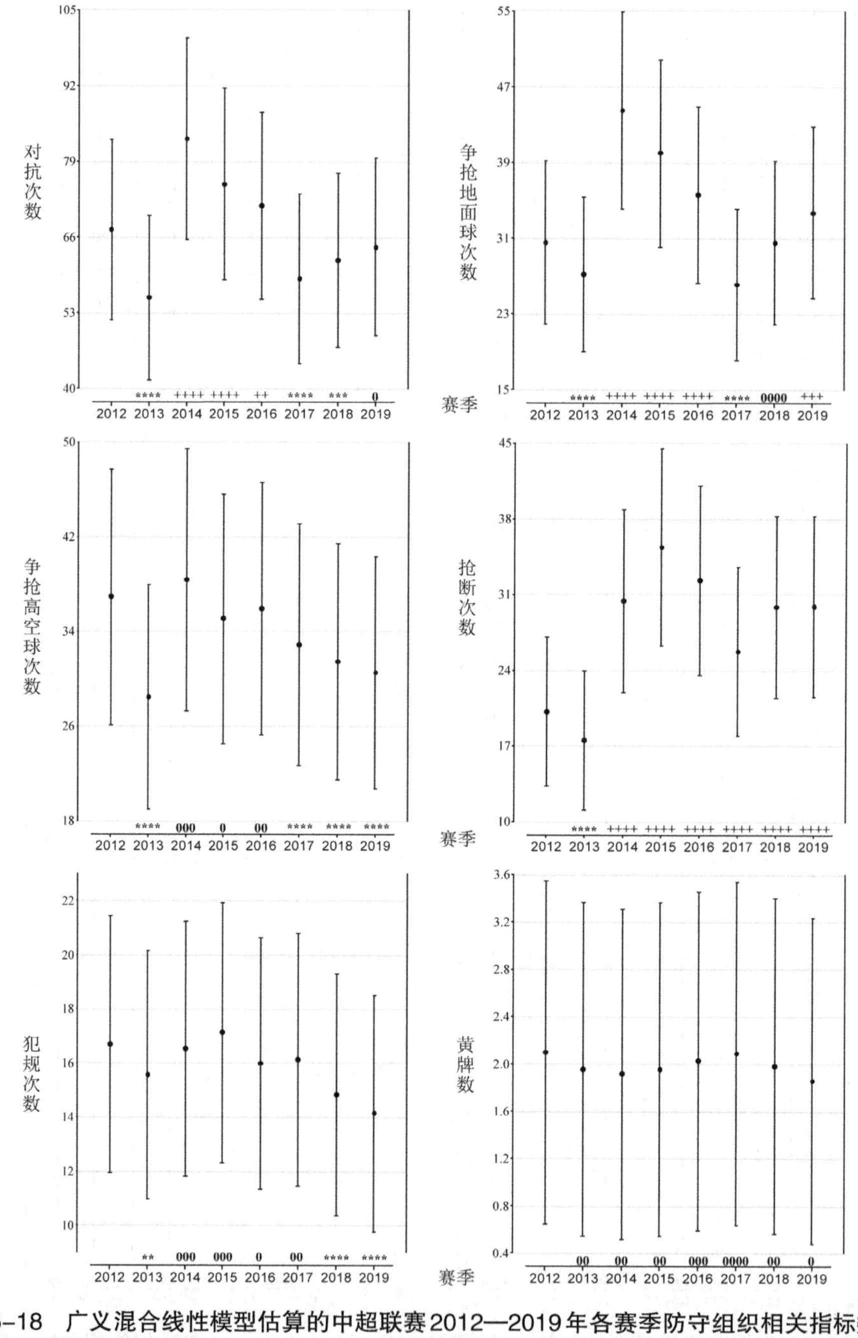

图5-18　广义混合线性模型估算的中超联赛2012—2019年各赛季防守组织相关指标数据

注：黑点代表平均数，误差线代表标准差。符号“0”代表该赛季的数值与2012赛季的差异为微小无意义值，“*”代表差异为负值，“+”代表差异为正值。符号的个数代表可能性的大小，即1~4个分别代表可能、很可能、非常可能和极其可能

如图5-18所示，相对于2012赛季，2019赛季中超联赛球队的对抗次数（-0.19、±0.12）和黄牌数（-0.19、±0.12）只出现了微小、无意义的变化，争抢高空球次数出现了中等幅度的下降（-0.65、±0.12），犯规次数出现了小程度的下降（-0.59、±0.12），争抢地面球次数出现了小幅度的上升（0.36、±0.11），抢断次数出现了中等幅度的上升（1.18、±0.10）。

进球射门相关指标已被证明与球队技战术风格、战术有效性、主客场优势、球员和球队水平等因素存在相关关系[53, 124, 128, 306, 373]。本研究的结果中此类指标变化趋势不明显，但2013和2014赛季射正率曾经短暂达到了峰值。目前，关于进球射门指标在连续多个赛季中长期变化的研究较少。单从射门次数上来看，本研究与前人的研究结果一致。例如，巴恩斯、阿彻、布什等[367]发现射门数量在连续7个赛季的英格兰超级联赛中没有明显的变化。科内法、赫姆拉、扎亚克等[361]在针对德国甲级联赛的研究中也发现，不同比赛结果下的射门数量在连续3个赛季中没有明显的变化趋势。当然，此类指标也与不同国家球队及其所在联赛的技战术风格存在一定的联系。耶茨、诺斯、福特等[374]在对世界杯冠军球队的比赛表现进行分析时，发现擅长防守的意大利队（2006年世界杯冠军）的进球表现与崇尚进攻的巴西队（2002世界杯冠军）有着明显的区别，意大利队有着更少的进球、更少的射门尝试以及只有巴西队一半的失球数量。这两种技战术风格也体现在各自的联赛中，巴西球队往往比意大利球队在联赛中有更多的进球[375]。在针对其他联赛的研究成果中，德国甲级联赛较于其他联赛拥有更少的射门次数[361]，英格兰超级联赛的射正率比意大利甲级联赛和西班牙甲级联赛更低，而西班牙甲级联赛在射门转化成进球上的成功率最高[376, 377]，等等。因此，关于进球射门指标可以考虑技战术风格因素对其的影响，或者引入不同国家、不同级别和不同类别赛事等更多的样本进行综合观察与对比探讨。

个人控球指标代表球员结合球的技术能力。个人控球时间和平均触球次数的小幅提升说明球员的个人能力有所提升。但目前仅从球队表现的整体发展趋势上进行的分析无法对指导训练产生直接的帮助。卡林[378]曾经对法国甲级联赛球员的个人控球技术特点进行分析，发现不同位置的球员在个人控球时间、次数、距离和速度上呈现不同的特点。其中，在个人控球时间上，边前卫、中场球员和中后卫明显高于其他位置的球员；而在平均触球次数上，边前卫和中后卫明显高于中后卫和边后卫。所以后续研究中应该更多地结合球员所属位置对个人控球特点进行具体分析。

本研究结果还显示，在个人控球指标有着小幅提升的同时，传球成功率和向前传球成功率也出现了一定程度的提高。综合来看，这与有关团队控球效率的研究成果相似，即个人控球能力是团队控球的基础，并与团队配合效率、比赛成功有着紧密的联系[117, 379, 380]。在长期的发展演变中，我们也可以在其他职业联赛中观察到类似的趋势。例如，巴恩斯、阿彻、布什等[367]也发现顶级联赛长期发展演变中传球次数、传球成功率、个人控球平均触球次数的显著增长趋势。在更早期的研究中，英格兰足球总会技术部发现1997和1998赛季职业联赛中的个人运球、带球跑、传球等技战术指标与1991和1992赛季中的相比有显著提高[365]。在中超联赛传球次数、传球射门比等指标没有显著性变化的情况下，这意味着中超球队在团队战术组织效率上存在小幅度提升的趋势。

但是我们也应该注意到，与本研究结果不同的是相关研究成果都显示了传球次数有显著增加的趋势[314, 349]。传球密度（控球方每 min 传球次数）和传球准确率（传球成功次数占总传球次数的比值）与成功比赛表现有着密切的联系[48, 314, 381]。在现代足球比赛中，更多的传球次数往往意味着较少的长距离传球和较少的个人控球时间。所以这种传球次数的增加更多伴随着大量的攻防尝试与更快的比赛运转节奏。华莱士和诺顿[349]对近44年世界杯决赛中的比赛表现进行研究发现，传球效率（每 min 传球数量）与比赛中足球运行的速度有显著的提升。但是目前仅从传球综合指标的纵向趋势上不能观察到比赛节奏的周期变化，后续研究中需要结合单位时间内的传球数据或足球相关的追踪数据进行深入分析。此外，传中次数也出现了小幅度的上升。这种上升显著集中在2017、2018、2019赛季。但是，传中次数的增加并没有带来成功率方面的变化，这种数量变化很有可能源于联赛中水平较低的球队。研究表明，传中往往是比赛失利一方或者联赛排名靠后的球队常常使用的进攻战术[312]。刘鸿优和彭召方[315]曾经对单个赛季的中超联赛进行分析，发现排名靠后的球队无论面对实力较高还是实力较低的对手，传中都是其最常使用的进攻手段。

结合射门效率类指标结果综合来看，虽然传球成功率有所提高，但中超联赛球队进攻的完成能力仍然有发展停滞的迹象。柯莱特[314]对2007—2010年的欧洲高水平比赛进行分析时发现，本土联赛中控球时间、传球指标和射门指标与球队整体成功存在关联。传球成功率、射正和传球射门比等效率类指标更能预测比赛的成功。其中，更低的传球射门比意味着更有效的进攻效率。这可以说明，虽然中超联赛的整体组织效率有所提升，但进攻转换率仍然需要提高。

在防守指标中，2014—2019年的争抢高空球次数有明显的下降趋势。2014—2017年，争抢地面球指标有下降态势，但2017—2019年又有明显提高。争抢高空球和争抢地面球都属于球员个人对抗能力范畴。这种个人对抗能力在足球比赛攻防战术中起着重要的作用，且无论是空中对抗还是地面对抗，都对成功球队的表现与最终结果有着一定的影响[382, 383]。本研究结果显示，争抢高空球次数呈现了中等幅度的下降，尤其是在2014年之后的几年内下降趋势较为明显。同时，争抢地面球次数出现了小幅度的上升。研究表明，比赛中空中对抗或者争抢高空球的出现常常是较多的长传球造成的结果[296]。这说明在中超联赛中长传球的使用频次降低，而呈现越来越显著的地面传控球发展趋势。此外，抢断次数中等幅度的上升意味着对球权的争夺越来越激烈。相对来说，空中对抗的减少与地面对抗的增多，也从侧面说明了防守球员对持球人的空间限制与压迫行为逐渐加强，并且在地面对抗中球员有着更积极、主动的动作行为。

在其他防守指标中，犯规次数有着明显的下降趋势。尤其是在抢断和争抢次数增多的趋势下，这可以解释为球员在个人技战术能力上有所提升，无论是防守球员的抢球技术还是持球球员在传接球和控球情况下的技战术能力都有提高的可能。林克和德洛伦佐[384]曾经发现德国甲级联赛的犯规数量要少于德国乙级联赛，并推断出低级别联赛中较多的犯规次数来自球员较低的技战术能力，如传球准确率等[340]。

在2012—2019年中，黄牌数量相对稳定，并在2017—2019年中存在下降的趋势。研究已经证明，抢断与犯规、犯规与黄牌之间存在相关关系[385]，尤其是在重要的比赛（资格赛、保级关键比赛等）中抢断数量与犯规数量、黄牌数量都显著增多[386]。但在本研究结果中，在犯规数量减少的同时黄牌数量并没有明显减少的趋势，所以如何在有效拼抢的同时规避红、黄牌的处罚是中超联赛球员和教练员需要面对和解决的问题。当然，不能忽视视频助理裁判技术在中超联赛中应用的潜在影响，该技术使比赛中的犯规行为越来越透明。

3. 中超联赛异常赛季的比赛表现分析

在连续8个赛季的发展趋势中，2013赛季的竞技表现指标与2012赛季以及其他几个赛季都有较为显著的差异。具体到各个指标上，这种差异主要来自体能表现与防守表现。在跑动表现上，2013赛季场均跑动总距离、平均跑动速度、高强度跑距离和次数、中速跑动距离甚至低速跑动距离都为历史最低值，而高强度跑间歇时间却为历史最高值。较低的跑动水平和较长的间歇时间说明2013赛季比赛负荷强度整体处于非常低的水平[323, 387]。而在防守表现上，对抗次数、争抢高空球次数、争抢地面球次数和抢断次数都为8个赛季中的最低值。综合来看，这可以解释为球队在该赛季中的拼抢积极性不足，对抗激烈程度较低，缺乏对防守空间的压迫与限制[388]。

此外，2013赛季也受到了一些非比赛因素的影响。第一，作为传统强队的大连实德足球俱乐部退出中超联赛，2012赛季降级球队上海申鑫则递补继续征战2013赛季。第二，天津泰达俱乐部与上海申花俱乐部因2003年的虚假比赛，于2013赛季被中国足球协会处罚，扣除了6分。多方面的因素造成了该赛季中超联赛的内部竞争不足。赛季结束时，在2012赛季和2013赛季引援投入最高的广州恒大俱乐部获得了77分联赛积分，为历史最高的联赛积分，同时也造成了历史上最高的分差，即比第二名高出18分。第三，外籍球员也可能对该赛季球队整体运动表现存在一定程度的影响。盖、莱克特、拉戈等[389]发现中超联赛各俱乐部较为依赖外籍球员对球队成功的帮助，且外籍球员的场上位置主要集中在重要的得分（前锋）、传球与决策（中场球员）和防守（中卫）位置。而相较于本土球员，外籍球员表现出更多的传球、射门、空中对抗和地面对抗。中超联赛近年来的射手榜和助攻榜也大量被外籍球员所占据，在连续5个赛季中只有1~2名本土球员进入射手榜前20名。当然，是否是外籍球员对2013年的球队表现产生影响还需要具体结合球员数据进行讨论。

此外，中超联赛的发展演变也伴随着中国足球的各项重大改革事件，包括2009年年底的“中国足球反赌行动”、2015年国务院审议通过《中国足球改革发展总体方案》、2017年中国足球协会执行“U23新政”等。而各类政策与改革事件是否对中超联赛的竞技表现产生影响尚不明确。未来的研究应结合相关政策事件对球队与球员的比赛表现进行更为深入的研究，评估政策实施的有效性，为中国职业足球长远的技术发展提供理论依据。

（四）小结

对2012—2019年各赛季中超联赛球队比赛表现的分析发现，体能表现呈现以下变化趋势：①总跑动距离、平均跑动速度和中低速跑动指标都有不同程度的下降。②中超联赛球员近年来高强度跑能力有一定程度的提高，尤其是单次高强度跑平均距离出现了明显的增加。③冲刺距离、高强度跑次数和高强度跑间歇指标并没有明显增长，这说明冲刺能力，尤其是反复进行高强度活动的能力没有得到发展与提高。

在技战术表现方面的变化趋势体现在以下6个方面：①射门进球类指标变化不明显。②个人控球与触球指标存在小幅提升，这说明球员的个人能力有所提升。③传球成功率和向前传球成功率也出现了一定程度的提高。相对稳定的射门效率类指标说明，虽然中超联赛的整体组织效率有所提升，但进攻转换率仍然需要提高。④传中次数出现了小幅度的上升，而传中成功率变化不明显。⑤争抢高空球次数出现了中等幅度的下降，争抢地面球次数出现了小幅度的上升，抢断次数有中等幅度的上升，这说明中超联赛中对球权的争夺越来越激烈，且长传球的使用频次降低，呈现越来越显著的地面传控球发展趋势。⑥尤其是在抢断和争抢次数增加的趋势下，犯规次数有明显的下降趋势，这说明球员在个人技战术能力上有所提升，但黄牌数量并没有明显减少的趋势。

2013赛季的竞技表现指标与2012赛季及其他几个赛季的指标相比都有较为显著的异常差异。这种差异主要来自体能表现与防守表现。2013赛季整体的比赛负荷强度处于非常低的水平，而显著低于其他几个赛季的对抗次数、争抢高空球次数、争抢地面球次数和抢断次数说明，在该赛季中球队的拼抢积极性不足，对抗的激烈程度较低。较于其他赛季，有可能受到一些非比赛因素的影响，如传统强队的退赛，降级球队递补继续征战；两支球队被扣除部分联赛积分以及个别俱乐部大量引援的影响；等等。多方面的因素造成了该赛季中超联赛的内部竞争不足。

当然，本研究为联赛球队表现的综合趋势研究，在训练实践应用中仍存在一定的局限性，具体还需要结合情境因素和位置数据进行综合讨论。例如，结合不同场上位置对球员跑动特征的演变趋势进行分析，观察U23球员和外籍球员对球队整体比赛表现的长期影响，利用位置数据对球队战术有效性进行评估，等等。

在大数据背景下，国内外学者对中国足球长期演变的探讨较少。而职业球队、职业俱乐部技战术打法风格的确立需要长时间构建与完善。所以无论是在提升球员和球队比赛表现方面，还是为教练员设计与改善训练计划提供科学依据方面，长期、科学化的比赛表现监控与分析都是不可或缺的[6, 38]。同时，对球员、球队设立运动表现档案和数据库，已经成为欧洲职业足球俱乐部和职业联盟常态化的科研保障工作之一[41, 390]。伴随着近年来中国足球的各类改革措施与新政的出台，中超联赛球员与球队的长期比赛表现变化趋势都需要我们更为综合、深入地加以探讨，以求为中国职业足球的长远健康发展提供决策参考与科学依据。

第四节　复杂战术行为

一、足球比赛中的复杂战术行为

由于足球比赛具有非线性、复杂性与高度动态特征的自然属性，并不断受到客观情境变化的影响，简单的描述性和对比性研究显然已经不能满足教练员和俱乐部管理人员对决策信息的客观需求[102, 106, 316, 391, 392]。

传统运动标注分析系统所产生的信息更多属于无向频率类数据，具有离散型特征，在一定程度上割裂了球员与球员之间的战术行为，反映在分析结果上则是忽略了同队队友之间以及对手之间的互动关系[46]。

计算机软件以及各种信息化工具的广泛应用极大地提升了比赛表现中位置数据与时空数据的可得性。尤其是在职业足球领域，信息数据的采集维度也在不断地增加与丰富[393, 394]。近年来，利用复杂系统理论，尤其是网络科学来探索球队的战术表现结构与球员在比赛中的相互关系逐渐成为研究热点[395–398]。

不同于传统的运动标注分析，网络科学在足球技战术表现分析领域得到了广泛的讨论和应用。网络科学指标重新量化、模拟了球队在传球上的分布趋势。该研究方法已被证明能够有效解释球员和球队战术的动态变化，并能够增进对团队运动项目内部复杂关系的理解[399, 400]。

具体来说，网络科学的分析方法有助于了解对足球比赛表现贡献最大的球员及其位置关系[401]，能够分析比赛上、下半场中传控网络密度的差异[402]，以及通过每 min 的传球次数计算球队的聚类系数[403]等。其中，格伦德[397]发现英格兰超级联赛中高水平球队的比赛表现与高网络强度、低集中度相关。克莱门特、马丁斯等[404]对2014年世界杯中128个传球邻接矩阵进行分析后发现，中场球员在进攻组织中发挥着最为关键的作用。另一项针对2018年世界杯的研究发现，在不同比赛状态影响下，球队的传球结构也会发生不同的变化，其中在输球时球队往往更倾向于直接打法[400]。而利用该方法对中国职业足球进行研究的成果较少，目前仅有1项。曹雪薇、李小天、付颖瑶等[405]利用度和集聚系数来评估中超联赛球队比赛表现并发现，主场的结果要显著大于客场的结果，且球员之间的联系和小组配合的成功率均受到比赛位置的影响。而目前尚未有研究利用网络科学方法对中超联赛不同位置和国内外球员进行分析。

所以，在解决相关传球数据与位置数据可得性的情况下，足球比赛表现相关的研究应该纳入对球队内部复杂战术行为的考量，以求增进对足球运动项目内部复杂关系的理解。

二、案例分析：基于节点中心性视角的复杂战术行为分析

为了摆脱传统比赛表现分析中对个人技战术行为的孤立分析，在解决位置数据可得性的基础上，基于复杂系统理论中的网络科学方法，本研究对足球比赛中的复杂战术行为与关系进行探索性分析。

通常来说，网络分析是在不考虑球队质量的情况下对每场比赛的传球数量进行计算[406]。本研究摒弃了前人对传球频次简单分析的研究思路，而借助度中心性（degree centrality）、中介中心性（betweenness centrality，BC）和临近中心性（closeness centrality，CC）等网络科学指标对球队传球表现中球员间的互动关系、进攻中的关键球员等方面进行分析与评估[255, 407]。

现代足球发展中，球员的跨国转会是职业足球发展的重要特点之一。外籍球员的加盟对国际体育的发展影响甚大，这已经被学术界广泛讨论过[408–415]。不同的职业联赛或联盟对外籍球员的数量限制与上场政策存在一定的差异。例如，部分国家的职业联赛为了保护本土球员的成长往往会制定较为苛刻的外籍球员引进政策[416]，尤其是在韩国、日本和中国的联赛中每支球队都拥有大量的本土球员和有限的外籍球员[416]。德国转会市场网站数据显示，中超联赛近年来在国际转会市场的资金投入位于世界前列，招募了大量的国际顶级球员来提高球队质量和比赛表现[417]。在这种情况下，2017年1月的中国足球协会职业联赛理事会中超工作会议出台了新的外籍球员政策，其中规定外籍球员累计上场人数不得超过3名（见表5–14）。这一政策要比很多其他国家联赛的相关政策都严格[418]。

此外，为了更好地促进年轻球员竞技水平的快速发展，中国足球协会还于2017年出台了针对本土年轻球员的“U23政策”，并在之后的数年一直坚持执行。2019赛季出台的“U21政策”，是“U23政策”的延续与进一步演变。

由此可见，2017年作为中超联赛历史上外籍球员和本土球员政策制定的起始年，有着较为重要的研究意义。结合不同的比赛位置，国内外球员之间可能存在一定的表现差异。了解外籍球员和国内球员在战术体系中的重要性可以更好地指导球队的训练并改善球员之间的战术关系。

表5-15 中国足球协会2012—2019年各赛季中超联赛

U23球员、外籍球员注册与出场政策列表

赛季	外籍球员				U23和U21球员				
	注册报名		出场政策		注册报名		出场政策		
	非亚冠	亚冠	上场	累计	U23	U21	大名单	首发	累计
2012[a]	4+1		3+1		—	—	—	—	
2012[b]	4+1	5+2	3+1		—	—	—	—	
2013	4+1		3+1		—	—	—	—	
2014	4+1		3+1		—	—	—	—	
2015	4+1		3+1		—	—	—	—	
2016	4+1		3+1		—	—	—	—	
2017	4+1		3	≤3	4	—	2	1	—
2018	4		3	≤3	—	—	—	1	≥3*
2019[a]	4		3	≤3	—	2[+]	—	1	≥3
2019[b]	4		3	≤3	—	2[+]	—	1[#]	1[#]

注：[a] 代表中超联赛第1~15轮，[b] 代表中超联赛第16~30轮；* 代表U23的出场政策与外籍球员的出场政策挂钩（即2018赛季中超联赛中U23球员实际累计上场人次不得少于本队外籍球员实际累计上场人次）；[+] 代表本俱乐部培养的U21球员（即俱乐部球员注册报名时，27人名单中至少有2名球员为本俱乐部青训培养的U21球员）；[#] 代表每场比赛出场的U23球员始终不少于1名；"—"代表该类别无具体政策要求。另，2019赛季第16~30轮外籍球员出场政策条款从"一场比赛中外籍球员可累计上场3人次"调整为"一场比赛中，同时上场的外籍球员不得超过3人"。

本研究基于比赛表现分析工具提供的传球数据与位置数据样本，以复杂网络为视角，对足球比赛表现的战术互动行为特征进行案例分析。作者尝试对中超联赛中不同位置的外籍球员和本土球员的比赛表现特征进行研究，分析他们在球队传球网络中的战术互动行为，帮助识别球队、比赛中的关键球员，探索中超联赛国内外球员在不同场上位置上的比赛表现的差异。

（一）研究样本与变量

本研究纳入了2017赛季中超联赛所有的240场比赛的传球行为数据。所有比赛的球员传球数据都由专业采集人员通过Champdas Master系统进行采集。如前文所述，该系统显示出良好的信效度水平。

比赛中的所有首发球员和替补球员都被纳入本研究。同时，由于采集方法的局限性，本研究只考虑场上球员（守门员除外）在控球时的传球表现行为。此外，在数据整理与过滤过程中，同队队员之间少于5次的传球数据和守门员参与的传球数据会被剔除。最终，来自346名球员，共计8 885个球员观察样本的63 446次传球被筛选，其中包括258名本土球员和88名外籍球员。根据其所属的位置，所有球员被分为3个不同的组别，即后卫、中场球员、前锋。本土球员和外籍球员在3个不同位置上的样本特征情况分析如表5-15所示。

表5-16　中超联赛本土球员和外籍球员样本特征情况分析

样本特征	均值（标准差）					
	后卫		中场球员		前锋	
	本土球员（*n*=1026~1272）	外籍球员（*n*=160~176）	本土球员（*n*=1272~1357）	外籍球员（*n*=397~411）	本土球员（*n*=295~300）	外籍球员（*n*=520~555）
身高 /cm	185.3（4.1）	188.1（4.7）	179.3（5.1）	181.3（5.1）	182.7（4.8）	180.4（6.8）
体重 /kg	77.1（5.1）	82.1（6.3）	71.8（5.7）	74.8（5.4）	72.5（5.2）	74.2（6.0）
年龄 / 岁	26.9（3.8）	29.3（3.1）	26.9（3.8）	29.1（2.5）	26.7（4.4）	27.8（3.7）
上场时间比例 /%	96.6（11.1）	97.9（8.2）	86.4（19.3）	97.9（8.2）	82.0（20.3）	97.1（9.2）

接下来，两个关于传球的指标和7个网络科学指标被用来评估球员的传球表现以及他们在球队传控网络中的重要程度。传球指标包括传球、接球；网络科学指标包括相邻连通性、入度中心性、出度中心性、压力中心性

（stress centrality，SC）、多边节点对的同伴、中介中心性和临近中心性。

（二）研究方法

将2017赛季中超联赛的240场比赛中所有球员的传球相关数据导入表格软件进行基础处理。运用生物信息分析软件 Cytoscape 3.6.1进行复杂网络数据的运算，获得了相邻连通性、入度中心性、出度中心性、压力中心性、多边节点对的同伴、中介中心性和临近中心性共7个指标结果。传球指标及相关定义如下：

①传球：球员在比赛中成功将球传给同队队友的数量之和。

②接球：球员在比赛中成功获得同队队友传球的数量之和。

一般来说，社交网络分析包括了用多种中心性指标来评估某一节点（球员）在团队内部网络关系中的重要性。但是考虑到对足球运动表现分析的实践应用，本案例所涉研究仅挑选了部分能够解释球员重要性的指标[255, 407, 419, 420]。网络科学相关指标的定义与运算公式如下：

①相邻连通性：社交网络中的相邻连通性指某一节点的网络连通性是由其周围的相邻节点的数量来决定的。因此，足球比赛中某一球员的相邻连通性指数是由该球员与其所有队友之间的平均连通性决定的。

②度中心性：最早由费里曼[421]于1978年提出，包括入度中心性和出度中心性。其中，入度中心性指标代表从所有相邻节点（队友）到某个节点（队友）输入边缘（弧）的数量。而出度中心性指标代表从某个节点（球员）到其他所有与之相邻的节点（队友）的输出边缘（弧）的数量。

③压力中心性：最早由什贝尔[422]于1953年提出，该指标指通过最短路径的数量总和。如果穿过大量的最短路径，则表示球员的压力很大。公式如下：

$$SC(A)=\sum_{i\neq j\neq A}^{i,\ j\in V} g_{ij}(A) \tag{6.1}$$

其中 $g_{ij}(A)$ 指球员 i 和球员 j 之间通过球员 A 的最短路径的数量。

④多边节点对的同伴：代表固定节点（球员）是否为多边节点对的同伴。

⑤中介中心性：最早由费里曼[423]于1977年提出。该指标试图通过考虑

所有节点对（团队、小组）之间的最短路径来衡量每个节点（球员）对网络空间的控制程度。总之，该指标表示特定一名球员“控制”的网络数量，并且是相关度量标准中较有意义的，因为它成功地量化了每个球员与其他球员之间的传球网络频率，并能够充当他们的中介或“桥梁”，公式如下：

$$BC(A) = \sum_{i \neq A \neq j} \left[\frac{\sigma_{ij}(A)}{\sigma_{ij}} \right] \quad (6.2)$$

其中 i 和 j 指传球网络中不同于球员 A 的球员，σ_{ij} 代表从球员 i 到球员 j 的最短路径数量，球员 A 也在该路径上。

⑥临近中心性：该指标通过量化在社交网络中的总图解理论距离来确定球员的重要性。它表明球员与队友之间联系的容易程度（传球关系）。球队可根据该指标在比赛中要求将某球员作为目标来传球。

因此，它提供了一种能够直接衡量团队中传球至某一特定球员的难易程度的方法。临近中心性得分越高，平均距离越短，这表明该球员是其团队中具有良好网络连接的核心人员。公式如下：

$$CC(A) = \frac{1}{\sum_{i \in V} L(A, i)} \quad (6.3)$$

其中 L（A，i）是球员 A 和球员 i 之间最短路径的长度。该公式将计算球员 A 和其他球员的关系总和，并获得该值的倒数。接近度得分低意味着该球员与其他球员之间有着较低的接近程度。

本研究根据比赛数量，建立共计480个邻接矩阵并生成对应的传球网络结构图。该矩阵代表球员与相邻队友之间的战术联系。

在确定数据的正态分布（通过 kolmogorov-smirnov 检验）之后，通过上述9个与传球网络相关的变量来测量球员在团队关系网络中的重要性，并通过均值和标准差比较国内外球员之间的差异，使用合并方差和相应的90%置信区间进行数据计算。最后，使用 GraphPad Prism 8.0.1 软件进行可视化图形制作。

使用基于非临床量值的决策来评估比较真实差异的不确定性[424]，量值的差异可以进行以下划分：小于0.2为微小无意义差异；0.2至0.6为小程度差异；大于0.6至1.2为中等程度差异；大于1.2至2.0为大程度差异；大于2.0为非常大程度差异[303]。如果均值差异的置信区间不同时包含正值和负值，则被认为差异显著[304]。

（三）研究结果与讨论

表5–16显示了中超联赛各球队不同比赛位置上国内外球员在传球和社交网络分析相关指标上的描述性统计结果。外籍中场和前锋球员在接球、入度中心性、压力中心性、中介中心性和多边节点对的同伴方面均比本土球员高［科思D标准化范围、推论（下同）：0.18至0.62、较有可能至很有可能］。

此外，外籍中场球员的传球、出度中心性和临近中心性指标也更高（0.30至0.56、较有可能至很有可能）。相反，尽管本土后卫和中场球员比外籍球员具有更高的相邻连通性（–0.29至–0.18、可能至较有可能），但本土后卫的接球、入度中心性和多边节点对的同伴指标也更高（–0.25至–0.19、可能至较有可能）（见图5–19）。

表5–17 关于中超联赛国内外球员的传球和社交网络分析指标的描述性分析结果

社交网络分析指标	均值（标准差）					
	后卫		中场球员		前锋	
	本土球员（n=1026~1272）	外籍球员（n=160~176）	本土球员（n=1272~1357）	外籍球员（n=397~411）	本土球员（n=295~300）	外籍球员（n=520~555）
PO	16（10.82）	15.72（11.74）	17.5（12.5）	26.05（17.51）	12.38（9.86）	12.9（9.09）
PI	14.88（10.01）	13.11（8.96）	17.32（12.34）	24.2（16.22）	13.19（10.46）	16.01（10.94）
IDC	1.69（2.11）	1.27（1.18）	2.11（2.28）	3.03（3.69）	1.54（1.66）	1.86（1.8）
SC	6（9.41）	5.69（9.46）	7.36（11.43）	13.71（15.73）	2.91（5.29）	4.08（7.93）

续表

社交网络分析指标	均值（标准差）					
	后卫		中场球员		前锋	
	本土球员（n=1026~1272）	外籍球员（n=160~176）	本土球员（n=1272~1357）	外籍球员（n=397~411）	本土球员（n=295~300）	外籍球员（n=520~555）
PMENP	0.88（1.21）	0.66（0.96）	1.05（1.37）	1.61（1.71）	0.55（0.87）	0.71（1.05）
BC	0.06（0.09）	0.06（0.11）	0.08（0.12）	0.18（0.17）	0.04（0.07）	0.06（0.1）
CC	0.48（0.27）	0.51（0.26）	0.45（0.31）	0.57（0.3）	0.45（0.34）	0.47（0.34）

注：PO 代表传球；PI 代表接球；NC 代表相邻连通性；ODC 代表出度中心性；IDC 代表入度中心性；SC 代表压力中心性；PMENP 代表多边节点对的同伴；BC 代表中介中心性；CC 代表临近中心性。

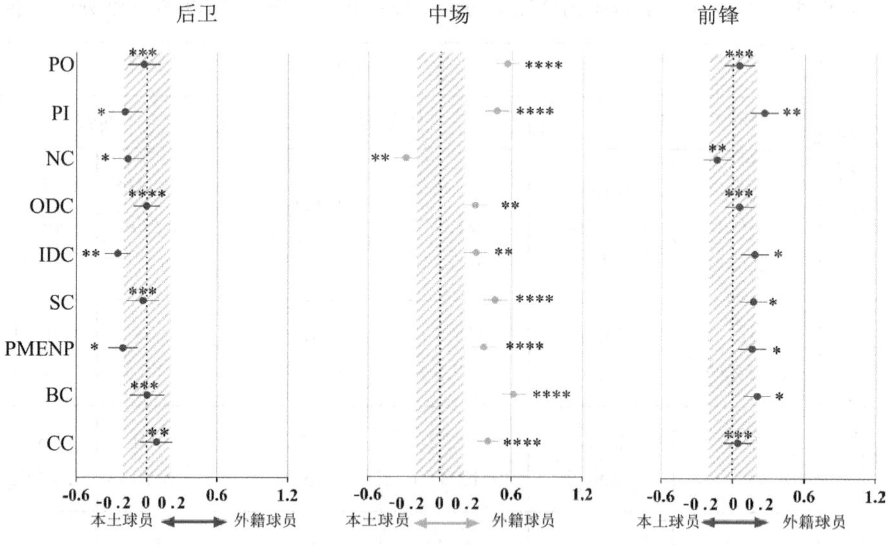

图5–19　本土球员和外籍球员之间的表现差异

注："*"代表平均值中真实差异的大小的可能性。其中，"*"代表可能，"**"代表很可能，"***"代表极有可能，"****"代表最有可能的，CL 为90% 置信区间。PO 代表传球；PI 代表接球；NC 代表相邻连通性；ODC 代表出度中心性；IDC 代表入度中心性；SC 代表压力中心性；PMENP 代表多边节点对的同伴；BC 代表中介中心性；CC 代表临近中心性

本研究通过场上不同位置（后卫、中场和前锋）球员的传球网络来帮助识别球队、比赛中的关键球员，判别球员个体表现差异。

在后卫位置上，除了入度中心性之外，外籍球员与本土球员的其他社交网络分析指标都趋于相似。所以在评价中超联赛后卫的比赛表现时，应该考虑入度中心性指标的影响，尤其是在本土球员的入度中心性指标更高的情况下，这意味着该位置的本土球员接球数量更多。本研究结果与克莱门特、马丁斯等[404]的研究结果相似。该研究发现1–3–5–2比赛阵型中，中后卫往往有着较高的入度中心性。该研究显示位于防守区域的中后卫在进攻的初始阶段表现出较高的传球率[404]。对应真实比赛场景，尤其是在由守转攻和整体阵型压上时，具有丰富经验的中后卫往往是进攻的直接组织者。

对于中场球员来说，对应克莱门特、克塞罗、马丁斯等[402]的研究来看，中场球员较后卫和前锋在社交网络分析相关指标上显示更高的水平。同时，结果显示本土球员和外籍球员在所有的社交网络分析指标上都存在显著的差异。其中，相比于本土球员，外籍球员除了相邻连通性以外，其他大部分指标都显示了较高的水平。这说明本土中场球员加强了与本土球员、外籍球员之间的传球联系，包括在进攻阶段的参与，这促进了球队整体的战术合作。尽管本土球员在相邻连通性上表现出相对较高的水平，但实际上较少尝试直接传到对方防守区域的关键性的或者具有威胁的传球，而偏向于一些更为“安全”的传球。前人研究也发现，相对于本土球员，外籍球员在传球有效性、战术创造力和决策有效性上要高于本土球员[389]。此外，由于进攻能力上的差距，中超联赛球队的教练员往往倾向于让外籍球员更多地组织、参与进攻战术，而本土球员相对来说比外籍球员更少地使用渗透性传球，更多地使用回传和回接行为。这主要展现在临近中心性和中介中心性，以及更直观的传球表现指标入度中心性和出度中心性上[421]。这种现象也从侧面促使外籍球员在整个传球网络中扮演了更为重要的角色。

对于前锋来说，本土球员和外籍球员的区别主要在接球指标上，而其他社交网络分析指标差距不大。与前人的研究结果相似[425]，前锋会被孤立在对方的防守阵型中被动地等待队友的传球，并常常被认为是亲密性和中间度最低的球员。当然前锋位置常常通过变换位置与活动地点来不断获得这种接球机会。本研究还发现，前锋位置的球员，尤其是外籍前锋球员在比赛中会获得队友更多的传球进而表现出更高的接球水平。在比赛场景中外籍前锋球员往往具有更强的空间控制能力，这体现在球员个人能够对球权进行很好的控制与保护，且更受队友的信任并能够获得更多的接球机会。雷因、拉伯和美墨尔特[271]曾经发现前锋在其经常活动的进攻三区和禁区中的空间控制效率与成功比赛表现关系紧密，所以前锋位置上的接球指标对衡量球员个人进攻表现有着重要的意义。

因为中超联赛对外籍球员数量的限制，球队倾向于在关键位置上利用外籍球员（前锋）的个人能力来完成进球射门。射手榜上的外籍球员占比说明了这一点，2014赛季之后的连续5个赛季中只有1~2名本土球员进入射手榜前20名。其中，2017赛季，射手榜上仅有武磊一人进入前20名。而在与传球组织（中场球员）和核心防守（中卫）相关的关键职能上，外籍球员都发挥了较大的作用。盖、莱克特、拉戈等[389]也发现各俱乐部较为依赖外籍球员对球队成功的帮助，外籍球员与本土球员相比在前锋、中场和后卫位置上有着不同程度的技战术水平差异。当然，不能忽视的是球队引进外籍球员的质量也在不同程度上影响着球队的整体水平[416]，尤其是财力雄厚的球队往往拥有更多的优质外籍球员和本土球员。

本研究的结果显示，外籍球员尤其是外籍中场球员在球队传球组织中扮演着重要的角色。通过传球网络来分析每个球员对球队整体战术的贡献率，能够帮助团队优化场上运动员个体和小组的战术行为，教练员应在训练和比赛指导时进行充分考虑。由于数据来源的局限性，本研究只考虑了三种不同的场上位置（后卫、中场和前锋），未来的研究应该考虑边路位置以及更具体位置（如边前卫和边后卫等）的影响，因为这些位置的数据可能对应用有更为具体的指导作用[425]。最后，未来的研究应该考虑情境因素（对手质量、比赛结果等）对球队战术网络的影响。

（四）小结

使用网络科学相关指标能够有效鉴别球员个体与队友、团队之间的战术关系，尤其是基于网络中心性的分析方法能够帮助识别球队、比赛中的关键球员，判别球员个体表现差异。研究表明，外籍球员尤其是外籍中场球员在球队传球网络中扮演着重要的角色。其中，对于前锋来说，本土球员和外籍球员的差异主要在接球指标上，外籍前锋成功获得了队友更多的传球。在中场位置上，两者在大部分社交网络分析指标上都存在显著的差异，外籍中场球员在传球网络中扮演了重要的组织者角色。后卫位置上，两者社交网络分析指标的差异程度趋于相似，但本土后卫球员在入度中心性指标上的中心性程度更高。

然而，中超联赛及其俱乐部的利益相关者应格外小心，因为过度依赖外籍球员可能会阻碍国内年轻球员的长期发展。本研究为俱乐部竞技主管和教练员在关键球员评估、球队引援、比赛准备以及相关战术使用策略上提供了有价值的信息。

参考文献

[1] GUEST A H. Labanotation：the system of analyzing and recording movement [M]. New York: Routledge，2013：9–12.

[2] MCGARRY T，O'DONOGHUE P，DE EIRA SAMPAIO A J，et al. Routledge handbook of sports performance analysis [M]. London：Routledge，2013：90–93，323–337.

[3] HUGHES M，FRANKS I. The essentials of performance analysis：an introduction [M]. London：Routledge，2007：8–11.

[4] BARTLETT R. Performance analysis：can bringing together biomechanics and notational analysis benefit coaches? [J]. International journal of performance analysis in sport，2001，1（1）：122–126.

[5] HUGHES M. Performance analysis—a 2004 perspective [J]. International journal of performance analysis in sport，2004，4（1）：103–109.

[6] 刘鸿优，崔一雄，张绍良，等. 运动表现分析的发展及展望 [J]. 体育学刊，2016，23（2）：112–117.

[7] O'DONOGHUE P. An introduction to performance analysis of sport [M]. London：Routledge，2014：6–25.

[8] MARINHO D A，BARBOSA T M，NEIVA H P，et al. Swimming，running，cycling and triathlon [M] // MCGARRY T，O'DONOGHUE P G，SAMPAIO J. Routledge handbook of sports performance analysis [M]. London：Routledge，2013：436–463.

[9] CAMPOS J. Field athletics [M] // MCGARRY T，O'DONOGHUE P G，SAMPAIO J. Routledge handbook of sports performance analysis [M]. London：

Routledge，2013：463–473.

[10] HUGHES M D，BARTLETT R M. The use of performance indicators in performance analysis [J] . Journal of sports sciences，2002，20（10）：739–754.

[11] HUGHES M，EVANS S，WELLS J. Establishing normative profiles in performance analysis [J] . International journal of performance analysis in sport，2001，1（1）：1–26.

[12] O'DONOGHUE P. Research methods for sports performance analysis [M] . London：Routledge，2009：19–28，149–177.

[13] HUGHES M. The application of notational analysis to racket sports [M] // Science and racket sports II. Oxfordshine：Taylor & Francis，2002：229–238.

[14] SAMPAIO J，LEITE N. Performance indicators in game sports [M] // MCGARRY T，O'DONOGHUE P，SAMPAIO J. Routledge handbook of sports performance analysis. London：Routledge，2013: 115–125.

[15] HUGHES M，FRANKS I. Essentials of performance analysis in sport [M] . London：Routledge，2015：32–37，42–54.

[16] MEMMERT D，REIN R. Match analysis，big data and tactics：current trends in elite soccer [J] . Deutsche zeitschrift fun sportmedizin，2018，69（3）：65–72.

[17] MARTIN D，O'DONOGHUE P，BRADLEY J，et al. Developing a framework for professional practice in applied performance analysis [J] . International journal of performance analysis in sport，2021，21：6，845–888.

[18] 龚炳南 . 足球比赛表现分析理论与应用研究 [D] . 北京：北京体育大学，2020.

[19] FRANKS I M，MILLER G. Eyewitness testimony in sport [J] . Journal of sport behavior，1986，9（1）：38.

[20] FRANKS I M，MILLER G. Training coaches to observe and remember [J] . Journal of sports sciences，1991，9（3）：285–297.

[21] LAIRD P，WATERS L. Eyewitness recollection of sport coaches [J] . International journal of performance analysis in sport，2008，8（1）：76–84.

［22］REEP C，BENJAMIN B. Skill and chance in association football［J］. Journal of the royal statistical society series A（general），1968，131（4）：581-585.

［23］赵刚，陈超 . 足球比赛表现研究方法和评价指标体系研究［J］. 体育科学，2015，35（4）：72-81.

［24］李颖川 . 全面提升体育科技创新能力 助力体育强国和健康中国建设——在国家体育总局体育科学研究所2018年学术论文报告会暨建所60周年学术论坛上的讲话［J］. 体育科学，2019，39（1）：3-4.

［25］REEP C，POLLARD R，BENJAMIN B. Skill and chance in ball games［J］. Journal of the royal statistical society series A（general），1971，134（4）：623-629.

［26］REEP C. Are we getting too clever［J］. World sports，1962，28（4）：22-23.

［27］POLLARD R，REEP C. Measuring the effectiveness of playing strategies at soccer［J］. Journal of the royal statistical society：series D（The statistician），1997，46（4）：541-550.

［28］POLLARD R. Charles Reep（1904—2002）：pioneer of notational and performance analysis in football［J］. Journal of sports sciences，2002，20（10）：853-855.

［29］LARSON O. Charles Reep：a major influence on British and Norwegian football［J］. Soccer & Society，2001，2（3）：58-78.

［30］HUGHES C F. The winning formula［M］. Milton Keynes：Harper Collins，1990：89-113.

［31］JAMES N. The role of notational analysis in soccer coaching［J］. International journal of sports science & coaching，2006，1（2）：185-98.

［32］WADE A. The FA［Football Association］guide to training and coaching［M］. London：Heinemann，1967：23-51.

［33］OLSEN E，LARSEN O. Use of match analysis by coaches［J］. Science and football III，1997，3：209-220.

[34] CARLING C, WILLIAMS A M, REILLY T. Handbook of soccer match analysis: a systematic approach to improving performance [M]. London: Routledge, 2007: 28–45, 60–87.

[35] SARMENTO H, CLEMENTE F M, ARAÚJO D, et al. What performance analysts need to know about research trends in association football (2012—2016): a systematic review [J]. Sports medicine, 2018, 48 (4): 799–836.

[36] HUGHES, MIKE. Computerized notation analysis in field games [J]. Ergonomics, 1988, 31 (11): 1585–1592.

[37] DVORAK J, JUNGE A, GRAF-BAUMANN T, et al. Football is the most popular sport worldwide [J]. American journal of sports medicine, 2004, 32 (Suppl 1): 3S–4S.

[38] 赵刚, 部义峰, 张丽. 足球运动表现研究进展、问题与趋势 [J]. 中国体育科技, 2014, 50 (4): 25–32.

[39] JAMES N. Notational analysis in soccer: past, present and future [J]. International journal of performance analysis in sport, 2006, 6 (2): 67–81.

[40] GROOM R, CUSHION C. Coaches perceptions of the use of video analysis: a case study [J]. Insight, 2004, 7 (3): 56–58.

[41] O'DONOGHUE P, MAYES A. Performance analysis, feedback and communication in coaching [M] //Routledge handbook of sports performance analysis. Lordon: Routledge, 2013: 173–182.

[42] O'DONOGHUE P. The use of feedback videos in sport [J]. International journal of performance analysis in sport, 2006, 6 (2): 1–14.

[43] O'DONOGHUE P, MAYES A, EDWARDS K M, et al. Performance norms for British national super league netball [J]. International journal of sports science & coaching, 3 (4): 501–511.

[44] MACKENZIE R, CUSHION C. Performance analysis in football: a critical review and implications for future research [J]. Journal of sports sciences, 2013, 31 (6): 639–676.

[45] WRIGHT C，ATKINS S，JONES B，et al. The role of performance analysts within the coaching process：performance analysts survey “The role of performance analysts in elite football club settings” [J]. International journal of performance analysis in sport，2013，13（1）：240–261.

[46] TENGA A. Soccer [M] // MCGARRY E. Routledge handbook of sports performance analysis. London：Routledge，2013：341–355.

[47] MARCELINO R，SAMPAIO J，MESQUITA I. Investigação centrada na análise do jogo：da modelação estática à modelação dinámica. [J]. Revista Portuguesa de ciências do desporto，2011，11（1）：481–499.

[48] SARMENTO H，MARCELINO R，ANGUERA M T，et al. Match analysis in football：a systematic review [J]. Journal of sports sciences，2014，32（20）：1831–1843.

[49] 谢军，刘鸿优. 比赛情境因素对中国足球超级联赛技战术表现的影响 [J]. 北京体育大学学报，2017，40（2）：107–111，136.

[50] 刘勃. 基于体能类指标视角的足球比赛制胜因素探析 [D]. 上海：华东师范大学，2018.

[51] 李博，王雷. 社会网络分析法研究足球比赛传球表现的可行性分析 [J]. 北京体育大学学报，2017，40（8）：112–119.

[52] MCGARRY T，FRANKS I M. The science of match analysis [J]. Science and soccer，2003：273–283.

[53] HUGHES M，FRANKS I. Analysis of passing sequences，shots and goals in soccer [J]. Journal of sports sciences，2005，23（5）：509–514.

[54] ENSUM J，POLLARD R，TAYLOR S. Applications of logistic regression to shots at goal in association football：calculation of shot probabilities，quantification of factors and player/team [J]. Journal of sports sciences，2004，22（6）：500–520.

[55] CARLING C，BLOOMFIELD J，NELSEN L，et al. The role of motion analysis in elite soccer [J]. Sports medicine，2008，38（10）：839–862.

[56] REIN R，MEMMERT D. Big data and tactical analysis in elite soccer：

future challenges and opportunities for sports science [J]. Springer plus, 2016, 5(1): 1–13.

[57] GÓMEZ M–Á, LAGO–PEÑAS C, POLLARD R. Situational variables [M] // MCGARRY T, O'DONOGHUE P, SAMPAIO J. Routledge handbook of sports performance analysis. London: Routledge, 2013: 277–287.

[58] BANGSBO J, MOHR M, POULSEN A, et al. Training and testing the elite athlete [J] . J Exerc Sci Fit, 2006, 4 (1): 1–14.

[59] CHAOUACHI A, MANZI V, WONG D P, et al. Intermittent endurance and repeated sprint ability in soccer players [J] . Journal of strength and conditioning research, 2010, 24 (10): 2663–2669.

[60] BANGSBO J. Fitness training in football: a scientific approach [D] . Copenhagen: University of Copenhagen, 1994.

[61] KAPLAN T. Examination of repeated sprinting ability and fatigue index of soccer players according to their positions [J] . Journal of strength and conditioning research, 2010, 24 (6): 1495–1501.

[62] CASTELLANO J, ALVAREZ–PASTOR D, BRADLEY P S. Evaluation of research using computerised tracking systems (Amisco® and Prozone®) to analyse physical performance in elite soccer: a systematic review [J] . Sports medicine, 2014, 44 (5): 701–712.

[63] RAMPININI E, IMPELLIZZERI F M, CASTAGNA C, et al. Technical performance during soccer matches of the Italian serie a league: effect of fatigue and competitive level [J] . Journal of science and medicine in sport, 2009, 12 (1): 227–233.

[64] FAUDE O, KOCH T, MEYER T. Straight sprinting is the most frequent action in goal situations in professional football [J] . Journal of sports sciences, 2012, 30 (7): 625–631.

[65] BANGSBO J. The physiology of soccer—with special reference to intense intermittent exercise [J] . Acta physiologica scandinavica supplementum, 1994, 619: 1–155.

[66] ANDRZEJEWSKI M, CHMURA J, PLUTA B, et al. Analysis of motor activities of professional soccer players [J]. Journal of strength and conditioning research, 2012, 26 (6): 1481-1488.

[67] REILLY T. A motion analysis of work-rate in different positional roles in professional football match-play [J]. J human movement studies, 1976, 2: 87-97.

[68] FIFA TECHNOLOGY DEPARTMENT. EPTS electronic performance and tracking systems [R]. Zurich: FIFA, 2015: 1-7.

[69] BLOOMFIELD J, POLMAN R, O'DONOGHUE P. The "bloomfield movement classification": motion analysis of individual players in dynamic movement sports [J]. International journal of performance analysis in sport, 2004, 4 (2): 20-31.

[70] BRADLEY P S, SHELDON W, WOOSTER B, et al. High-intensity running in English FA Premier League soccer matches [J]. Journal of sports sciences, 2009, 27 (2): 159-168.

[71] VALTER D S, ADAM C, BARRY M, et al. Validation of Prozone®: a new video-based performance analysis system [J]. International journal of performance analysis in sport, 2006, 6 (1): 108-119.

[72] WESTON M, CASTAGNA C, IMPELLIZZERI F M, et al. Analysis of physical match performance in English Premier League soccer referees with particular reference to first half and player work rates [J]. Journal of science and medicine in sport, 2007, 10 (6): 390-397.

[73] ABT G, LOVELL R. The use of individualized speed and intensity thresholds for determining the distance run at high-intensity in professional soccer [J]. Journal of sports sciences, 2009, 27 (9): 893-898.

[74] 中国社会科学院语言研究所词典编辑室. 现代汉语词典 [M]. 北京: 商务印书馆, 2016: 87.

[75] 辞海编辑委员会. 辞海 [M/OL]. 上海: 上海辞书出版社, 2010 [2021-03-07]. http: // www. cihai. com/cn/search/words? q= 表现.

[76] 仲理峰, 时勘. 绩效管理的几个基本问题 [J]. 南开管理评论, 2002

（3）：15–19.

［77］BATES R A，HOLTON III E F. Computerized performance monitoring：a review of human resource issues［J］. Human resource management review，1995，5（4）：267–288.

［78］ARMSTRONG M，BARON A. Performance management［M］// DRANSFIELD R. Human resource management. Oxford：Heinemann，2000：69–81.

［79］HUGHES M，FRANKS I M. Notational analysis of sport：systems for better coaching and performance in sport［M］. New York：Psychology Press，2004：115–160.

［80］GRAHAM P S，NELSON B E. Genetic algorithms in software and in hardware—a performance analysis of workstation and custom computing machine implementations［C］// IEEE symposium on FPGAs for custom computing machines. Napa Valley：IEEE，1966：216–225.

［81］CARLING C，REILLY T，WILLIAMS A M. Performance assessment for field sports［M］. New York：Routledge，2008：70–102.

［82］DRUST B，ATKINSON G，REILLY T. Future perspectives in the evaluation of the physiological demands of soccer［J］. Sports Med，2007，37（9）：783–805.

［83］布吕格曼. 足球实战训练：比赛是最好的导师［M］. 王新洛，曹晓东，译. 北京：人民体育出版社，2016：32.

［84］TOYE F. Not everything that can be counted counts and not everything that counts can be counted（attributed to Albert Einstein）［J］. British journal of pain，2015，9（1）：7.

［85］MANYIKA J，CHUI M. McKinsey global institute，big data：the next frontier for innovation，competition，and pro–ductivity［R］. New York：McKinsey. 2011：3–12.

［86］迈尔 – 舍恩伯格，库克耶. 大数据时代：生活工作与思维的大变革［M］. 盛杨燕，周涛，译. 杭州：浙江人民出版社，2013：9–53.

［87］CHEN X–W，LIN X. Big data deep learning：challenges and

perspectives［J］. IEEE access，2014，2：514–525.

［88］NOOR A M，HOLMBERG L，GILLETT C，et al. Big data：the challenge for small research groups in the era of cancer genomics［J］. British journal of cancer，2015，113（10）：1405–412.

［89］DI SALVO V，BARON R，TSCHAN H，et al. Performance characteristics according to playing position in elite soccer［J］. International journal of sports medicine，2007，28（3）：222–227.

［90］张兰廷. 大数据的社会价值与战略选择［D］. 北京：中共中央党校，2014.

［91］SINT R，SCHAFFERT S，STROKA S，et al. Combining unstructured，fully structured and semi–structured information in semantic wikis［C］// CEUR workshop proceedings. Crete：Heraklion，2009：73–87.

［92］GUDMUNDSSON J，WOLLE T. Football analysis using spatio–temporal tools［J］. Comput environ urban Syst，2014，47：16–27.

［93］MEMMERT D，REIN R. Match analysis，big data and tactics：current trends in elite soccer［J］. German journal of sports medicine/Deutsche zeitschrift fur sportmedizin，2018，69（3）：65–71.

［94］REILLY T，WILLIAMS A M. Introduction to science and soccer［M］// Science and soccer. New York：Routledge，2003：9–14.

［95］MEMMERT D，RAABE D. Data analytics in football：positional data collection，modelling and analysis［M］. New York：Routledge，2018：6–12.

［96］MEMMERT D，LEMMINK K，SAMPAIO J. Current approaches to tactical performance analyses in soccer using position data［J］. Sports Med，2017，47（1）：1–10.

［97］LADYMAN J，LAMBERT J，WIESNER K. What is a complex system?［J］. European journal for philosophy of science，2013，3（1）：33–67.

［98］KELSO J S. Dynamic patterns：the self–organization of brain and behavior［M］. Massachusetts：MIT Press，1995.

［99］SCHMIDT R C，CARELLO C，TURVEY M T. Phase transitions and

critical fluctuations in the visual coordination of rhythmic movements between people [J]. Journal of experimental psychology: human perception and performance, 1990, 16 (2): 227.

[100] GIBSON J J. The ecological approach to visual perception: classic edition[M]. New York: Psychology Press, 2014: 39–57.

[101] ARAUJO D, DAVIDS K, HRISTOVSKI R. The ecological dynamics of decision making in sport[J]. Psychol sport exerc, 2006, 7 (6): 653–676.

[102] MCGARRY T, ANDERSON D I, WALLACE S A, et al. Sport competition as a dynamical self–organizing system[J]. Journal of sports sciences, 2002, 20 (10): 771–781.

[103] DAVIDS K, BUTTON C, ARAÚJO D, et al. Movement models from sports provide representative task constraints for studying adaptive behavior in human movement systems[J]. Adaptive behavior, 2006, 14 (1): 73–95.

[104] ARAÚJO D, DAVIDS K, BENNETT S J, et al. 19 Emergence of sport skills under constraints[J]. Skill acquisition in sport: research, theory and practice, 2004, 433–458.

[105] VILAR L, ARAÚJO D, DAVIDS K, et al. The role of ecological dynamics in analysing performance in team sports[J]. Sports medicine, 2012, 42 (1): 1–10.

[106] GREHAIGNE J–F, BOUTHIER D, DAVID B. Dynamic–system analysis of opponent relationships in collective actions in soccer[J]. Journal of sports sciences, 1997, 15 (2): 137–149.

[107] DUARTE R, ARAÚJO D, GAZIMBA V, et al. The ecological dynamics of 1v1 sub–phases in association football[J]. 2010, 3: 16–18.

[108] DUARTE R, ARAUJO D, FOLGADO H, et al. Capturing complex, non–linear team behaviours during competitive football performance[J]. Journal of systems science & complexity, 2013, 26 (1): 62–72.

[109] PERL J, GRUNZ A, MEMMERT D. Tactics analysis in soccer—an advanced approach [J]. International journal of computer science in sport, 2013,

12，1：33–44.

［110］HRISTOVSKI R，DAVIDS K，ARAÚJO D. Affordance-controlled bifurcations of action patterns in martial arts［J］. Nonlinear dynamics，psychology，and life sciences，2006，10（4）：409–444.

［111］HRISTOVSKI R，DAVIDS K，ARAUJO D，et al. Constraints-induced emergence of functional novelty in complex neurobiological systems：a basis for creativity in sport［J］. Nonlinear dynamics-psychology and life sciences，2011，15（2）：175.

［112］CASTELLANO J，BLANCO-VILLASEÑOR A，ALVAREZ D. Contextual variables and time-motion analysis in soccer［J］. International journal of sports medicine，2011，32（6）：415–421.

［113］BARRERA J，SARMENTO H，CLEMENTE F M，et al. The effect of contextual variables on match performance across different playing positions in professional portuguese soccer players［J］. International journal of environmental research and public health，2021，18（10）：5175.

［114］FERNANDEZ-NAVARRO J，FRADUA L，ZUBILLAGA A，et al. Influence of contextual variables on styles of play in soccer［J］. International journal of performance analysis in sport，2018，18（3）：423–436.

［115］TAYLOR J B，MELLALIEU S D，JAMES N，et al. The influence of match location，quality of opposition，and match status on technical performance in professional association football［J］. Journal of sports sciences，2008，26（9）：885–895.

［116］JACKLIN P B. Temporal changes in home advantage in English football since the Second World War：what explains improved away performance?［J］. Journal of sports sciences，2005，23（7）：669–679.

［117］LAGO-PENAS C，DELLAL A. Ball possession strategies in elite soccer according to the evolution of the match-score：the influence of situational variables［J］. J Hum Kinet，2010，25：93–100.

［118］JAMIESON J P. The home field advantage in athletics：a meta - analysis

[J] . Journal of applied social psychology，2010，40 (7)：1819–1848.

[119] POLLARD R，POLLARD G. Long–term trends in home advantage in professional team sports in North America and England (1876—2003) [J] . Journal of sports sciences，2005，23 (4)：337–350.

[120] POLLARD R. Home advantage in football：a current review of an unsolved puzzle [J] . The open sports sciences journal，2008，1 (1)：12–14.

[121] NEVILL A M，BALMER N J，WILLIAMS A M. The influence of crowd noise and experience upon refereeing decisions in football [J] . Psychol Sport Exerc，2002，3 (4)：261–272.

[122] UNKELBACH C，MEMMERT D. Crowd noise as a cue in referee decisions contributes to the home advantage [J] . Journal of sport and exercise psychology，2010，32 (4)：483–498.

[123] GÓMEZ M A，POLLARD R，LUIS–PASCUAL J–C. Comparison of the home advantage in nine different professional team sports in Spain [J] . Percept Mot Skills，2011，113 (1)：150–156.

[124] LIU H，YI Q，GIMÉNEZ J–V，et al. Performance profiles of football teams in the UEFA Champions League considering situational efficiency [J] . International journal of performance analysis in sport，2015，15 (1)：371–390.

[125] POLLARD R，ARMATAS V. Factors affecting home advantage in football World Cup qualification [J] . International journal of performance analysis in sport，2017，17 (1–2)：121–135.

[126] ALMEIDA C H，VOLOSSOVITCH A. Home advantage in Portuguese football：effects of level of competition and mid–term trends [J] . International journal of performance analysis in sport，2017，17 (3)：244–255.

[127] LAGO–PENAS C，LAGO–BALLESTEROS J. Game location and team quality effects on performance profiles in professional soccer [J] . Journal of sports science & medicine，2011，10 (3)：465.

[128] POULTER D R. Home advantage and player nationality in international club football [J] . Journal of sports sciences，2009，27 (8)：797–805.

[129] LAGO-PENAS C. The role of situational variables in analysing physical performance in soccer [J] . J Hum Kinet, 2012, 35: 89-95.

[130] TAYLOR B J, MELLALIEU D S, JAMES N, et al. Situation variable effects and tactical performance in professional association football [J] . International journal of performance analysis in sport, 2010, 10 (3): 255-269.

[131] LIU H, GÓMEZ M-A, GONçALVES B, et al. Technical performance and match-to-match variation in elite football teams [J] . Journal of sports sciences, 2016, 34 (6): 509-518.

[132] GRANT A, WILLIAMS A, REILLY T, et al. An analysis of the successful and unsuccessful teams in the 1998 World Cup [J] . Journal of sports sciences, 1999, 17 (10): 827.

[133] YANG G, LEICHT A S, LAGO C, et al. Key team physical and technical performance indicators indicative of team quality in the soccer Chinese super league [J] . Research in sports medicine, 2018, 26 (2): 158-167.

[134] BLOOMFIELD J, POLMAN R, O' DONOGHUE P. Effects of score-line on team strategies in FA Premier League Soccer [J] . Journal of sports sciences, 2005, 23 (2): 192-193.

[135] O'DONOGHUE P, TENGA A. The effect of score-line on work rate in elite soccer [J] . Journal of sports sciences, 2001, 19 (1): 25-26.

[136] REDWOOD-BROWN A J, O'DONOGHUE P G, et al. Effects of situational variables on the physical activity profiles of elite soccer players in different score line states [J] . Scandinavian journal of medicine & science in sports, 2018, 28 (12): 2515-2526.

[137] RUMPF M C, SILVA J R, HERTZOG M, et al. Technical and physical analysis of the 2014 FIFA World Cup Brazil: winners vs. losers [J] . J Sports Med Phys Fit, 2017, 57 (10): 1338-1343.

[138] KUBAYI A, TORIOLA A. The influence of situational variables on ball possession in the South African Premier Soccer League [J] . J Hum Kinet, 2019, 66 (1): 175-181.

[139] LAGO C, CASAIS L, DOMINGUEZ E, et al. The effects of situational variables on distance covered at various speeds in elite soccer [J]. Eur J Sport Sci, 2010, 10 (2): 103–109.

[140] WESTON M, BATTERHAM A M, CASTAGNA C, et al. Reduction in physical match performance at the start of the second half in elite soccer [J]. Int J sport Physiol Perform, 2011, 6 (2): 174–182.

[141] MUGGLESTONE C, MORRIS J G, SAUNDERS B, et al. Half–time and high–speed running in the second half of soccer [J]. International journal of sports medicine, 2013, 34 (6): 514–519.

[142] CARLING C, BRADLEY P, MCCALL A, et al. Match–to–match variability in high–speed running activity in a professional soccer team [J]. Journal of sports sciences, 2016, 34 (24): 2215–2223.

[143] MOHR M, KRUSTRUP P, BANGSBO J. Match performance of high–standard soccer players with special reference to development of fatigue [J]. Journal of sports sciences, 2003, 21 (7): 519–528.

[144] MOHR M, KRUSTRUP P, BANGSBO J. Fatigue in soccer: a brief review [J]. Journal of sports sciences, 2005, 23 (6): 593–599.

[145] SMPOKOS E, MOURIKIS C, LINARDAKIS M. Seasonal physical performance of a professional team's football players in a national league and European matches [J]. J Hum Sport Exerc, 2018, 13 (4): 720–730.

[146] VIGNE G, DELLAL A, GAUDINO C, et al. Physical outcome in a successful Italian serie A soccer team over three consecutive seasons [J]. Journal of strength and conditioning research, 2013, 27 (5): 1400–1406.

[147] DI SALVO V, PIGOZZI F, GONZALEZ–HARO C, et al. Match performance comparison in Top English Soccer Leagues [J]. International journal of sports medicine, 2013, 34 (6): 526–532.

[148] KONEFAL M, CHMURA P, KOWALCZUK E, et al. Modeling of relationships between physical and technical activities and match outcome in elite German soccer players [J]. J Sports Med Phys Fit, 2019, 59 (5): 752–759.

[149] ANDRZEJEWSKI M, CHMURA J, PLUTA B. Analysis of motor and technical activities of professional soccer players of the UEFA Europa League [J]. International journal of performance analysis in sport, 2014, 14 (2): 504–523.

[150] BLOOMFIELD J, POLMAN R, O'DONOGHUE P. Physical demands of different positions in FA Premier League soccer [J]. Journal of sports science & medicine, 2007, 6 (1): 63.

[151] KORMELINK H. Match analysis and game preparation [M]. Pennsylkvania: Reedswain Inc., 1999: 37–81.

[152] BLAZE A, ATKINSON G, HARWOOD C, et al. Prevalence and perceptions of performance analysis in the English Premier Association Football League [C] // World Congress of Performance Analysis. Performance analysis of sport VI. Belfast: WCPAS, 2004: 79–83.

[153] CARLING C, BLOOMFIELD J. Time–motion analysis [M] // Routledge handbook of sports performance analysis. New York: Routledge, 2013: 301–314.

[154] SANTOS P, SILVA P M, LAGO–PENAS C. The ball recovery as an action related performance indicator in football—an example using distinct operational definitions [J]. J Hum Sport Exerc, 2017, 12 (1): 96–105.

[155] LIU H, HOPKINS W, GÓMEZ A M, et al. Inter–operator reliability of live football match statistics from OPTA sportsdata [J]. International journal of performance analysis in sport, 2013, 13 (3): 803–821.

[156] SCHOKMAN P, ROSSIGNOL P F L, SPARROW W A. Validity and reliability of a voice–recognition game analysis system for field sports [J]. Journal of science & medicine in sport, 2002, 5 (4): 362–371.

[157] CHAMPION TECHNOLOGY CO. L. Champdas Master system training manual 3.0 [Z]. Shanghai: CHAMPION, 2018: 13–76.

[158] HOPKINS W G. Measures of reliability in sports medicine and science [J]. Sports Med, 2000, 30 (1): 1–15.

[159] ZUBILLAGA A, GOROSPE G, HERNANDEZ A, et al. Comparative analysis of the high–intensity activity of soccer players in top level competition [J].

Science and football VI，2009，182–185.

[160] DELLAL A，CHAMARI K，WONG D P，et al. Comparison of physical and technical performance in European soccer match–play：FA Premier League and La Liga [J]. Eur J Sport Sci，2011，11 (1)：51–59.

[161] BRADLEY P，O'DONOGHUE P，WOOSTER B，et al. The reliability of ProZone MatchViewer：a video–based technical performance analysis system [J]. International journal of performance analysis in sport，2007，7 (3)：117–129.

[162] BRADLEY P S，CARLING C，ARCHER D，et al. The effect of playing formation on high–intensity running and technical profiles in English FA Premier League soccer matches [J]. Journal of sports sciences，2011，29 (8)：821–830.

[163] REED D，HUGHES M. An exploration of team sport as a dynamical system [J]. International journal of performance analysis in sport，2006，6 (2)：114–125.

[164] O'DONOGHUE P，HOLMES L. Data analysis in sport [M]. New York：Routledge，2014:221，241.

[165] LARKIN P，O'CONNOR D，WILLIAMS A M. Establishing validity and reliability of a movement awareness and technical skill (MATS) analysis instrument in soccer [J]. International journal of performance analysis in sport, 2016, 16 (1)：191–202.

[166] LI Y，ALEXANDER M，GLAZEBROOK C，et al. Quantifying inter–segmental coordination during the instep soccer kicks [J]. International journal of exercise science，2016，9 (5)：646.

[167] ELTOUKHY M，ASFOUR S，THOMPSON C，et al. Evaluation of the performance of digital video analysis of human motion：dartfish tracking system [J]. IJSER，2012，3：1–6.

[168] CLEAR C, HUGHES M, MARTIN D. Attacking profiles in elite hurling [J]. International journal of performance analysis in sport，2017，17 (3)：319–333.

[169] EDGECOMB S J，NORTON K I. Comparison of global positioning and computer–based tracking systems for measuring player movement distance during

Australian football［J］. Journal of science and medicine in sport，2006，9（1）：25–32.

［170］BASTIDA CASTILLO A，GÓMEZ CARMONA C D，DE LA CRUZ SÁNCHEZ E，et al. Accuracy，intra–and inter–unit reliability，and comparison between GPS and UWB–based position–tracking systems used for time–motion analyses in soccer［J］. European journal of sport science，2018，1–8.

［171］HULKA K，CUBEREK R，SVOBODA Z. Time–motion analysis of basketball players：a reliability assessment of Video Manual Motion Tracker 1.0 software［J］. Journal of sports sciences，2014，32（1）：53–59.

［172］DI SALVO V，BARON R，GONZÁLEZ–HARO C，et al. Sprinting analysis of elite soccer players during European Champions League and UEFA Cup matches［J］. Journal of sports sciences，2010，28（14）：1489–1494.

［173］DI SALVO V，GREGSON W，ATKINSON G，et al. Analysis of high intensity activity in Premier League soccer［J］. International journal of sports medicine，2009，30（3）：205–212.

［174］BANGSBO J. Physiological demands of football［J］. Sports science exchange，2014，27（125）：1–6.

［175］CARLING C. Interpreting physical performance in professional soccer match–play：should we be more pragmatic in our approach?［J］. Sports Med，2013，43（8）：655–663.

［176］BANGSBO J，NØRREGAARD L，THORSOE F. Activity profile of competition soccer［J］. Canadian journal of sport sciences，1991，16（2）：110–116.

［177］ANDERSSON H A，RANDERS M B，HEINER–MOLLER A，et al. Elite female soccer players perform more high–intensity running when playing in international games compared with domestic league games［J］. Journal of strength and conditioning research，2010，24（4）：912–919.

［178］GABBETT T J，MULVEY M J. Time–motion analysis of small–sided training games and competition in elite women soccer players［J］. The journal of strength & conditioning research, 2008, 22 (2): 543–552.

[179] MOHR M, KRUSTRUP P, ANDERSSON H, et al. Match activities of elite women soccer players at different performance levels [J]. The journal of strength & conditioning research, 2008, 22 (2): 341–349.

[180] NOLDUS L P, TRIENES R J, HENDRIKSEN A H, et al. The Observer Video-Pro: new software for the collection, management, and presentation of time-structured data from videotapes and digital media files [J]. Behavior research methods instruments & computers, 2000, 32 (1): 197–206.

[181] BLOOMFIELD J, POLMAN R, O'DONOGHUE P. Reliability of the Bloomfield movement classification [J]. International journal of performance analysis in sport, 2007, 7 (1): 20–27.

[182] MCLAUGHLIN E, O'DONOGHUE P G. The reliability of time-motion analysis using the CAPTAIN system [C] // World Congress of Performance Analysis. Sports science and computers. Cardiff: WCPAS, 2001: 63–68.

[183] CLARK P. Intermittent high intensity activity in English FA Premier League soccer [J]. International journal of performance analysis in sport, 2010, 10 (2): 139–151.

[184] SPENCER M, LAWRENCE S, RECHICHI C, et al. Time-motion analysis of elite field hockey, with special reference to repeated-sprint activity [J]. Journal of sports sciences, 2004, 22 (9): 843–850.

[185] RUDKIN S T, O'DONOGHUE P G. Time-motion analysis of first-class cricket fielding [J]. Journal of science and medicine in sport, 2008, 11 (6): 604–607.

[186] O'DONOGHUE P G, HUGHES M G, RUDKIN S, et al. Work-rate analysis using the POWER (periods of work efforts and recoveries) system [J]. International journal of performance analysis in sport, 2005, 5 (1): 5–21.

[187] 部义峰. 优秀女子足球运动员跑动能力与比赛效果关联研究 [J]. 中国体育科技, 2014, 50 (2): 3–9.

[188] SHIOKAWA M, TAKAHASHI K, KAN A, et al. Computer analysis

of a soccer game by the DLT method focusing on the movement of the players and the ball [C] // World Congress of Science and Football. Lisbon: WCSS, 2003: 267-272.

[189] SCHLIPSING M, SALMEN J, TSCHENTSCHER M, et al. Adaptive pattern recognition in real-time video-based soccer analysis [J] . J real-time image process, 2017, 13 (2): 345-361.

[190] BARROS R M, MISUTA M S, MENEZES R P, et al. Analysis of the distances covered by first division Brazilian soccer players obtained with an automatic tracking method [J] . Journal of sports science & medicine, 2007, 6 (2): 233.

[191] GELB A. Applied optimal estimation [M] . Massachusetts: MIT Press, 1974: 102-132.

[192] XU M, ORWELL J, JONES G. Tracking football players with multiple cameras [C] // International Conference on Image Processing. Singapore: IEEE, 2004: 2909-2912.

[193] LINKE D. Validation of electronic performance tracking systems [D] . Technische Universität München, 2019.

[194] LINK D, WEBER H. Effect of ambient temperature on pacing in soccer depends on skill level [J] . Journal of strength and conditioning research, 2017, 31 (7): 1766-1770.

[195] SIEGLE M, STEVENS T, LAMES M. Design of an accuracy study for position detection in football [J] . Journal of sports sciences, 2013, 31 (2): 166-172.

[196] FELIPE J L, GARCIA-UNANUE J, VIEJO-ROMERO D, et al. Validation of a video-based performance analysis system (mediacoach®) to analyze the physical demands during matches in LaLiga [J] . Sensors, 2019, 19 (19): 4113.

[197] PONS E, GARCIA-CALVO T, RESTA R, et al. A comparison of a GPS device and a multi-camera video technology during official soccer matches: agreement between systems [J] . PLOS One, 2019, 14 (8): 1-12.

[198] HARLEY J A, LOVELL R J, BARNES C A, et al. The interchangeability of global positioning system and semiautomated video-based performance data during elite soccer match play [J]. Journal of strength and conditioning research, 2011, 25 (8): 2334-2336.

[199] IMPELLIZZERI F M, SASSI A, RAMPININI E. Accuracy and reliability of a commercial video-computerised, semiautomatic soccer-match analysis system: preliminary results [C] // Annual Conference of the European College of Sport Science. Lausanne: ECSS, 2006: 319.

[200] BRULÉ P, CARLING C, DAVID A, et al. AMISCO: the development of a computerised match analysis system to automatically track the movements of soccer players [C] // World Congress of Notational Analysis of Sport. Portugal: WCNAS, 1998: 22-25.

[201] RODRIGUEZ DE LA CRUZ C, CROISIER J L, BURY T. Validation du systèmed' analyse de match AMISCO (TM): une étude pr é liminaire [C] // 5 è me Colloque international Football et recherche—technologie et performance. Grenoble: ACFF, 2010: 10-12.

[202] RANDERS M B, MUJIKA I, HEWITT A, et al. Application of four different football match analysis systems: a comparative study [J]. Journal of sports sciences, 2010, 28 (2): 171-182.

[203] ZUBIAGA A Z. La actividad del jugador de fútbol en alta competición: an á lisis de variabilidad [D]. Malaga: Universidad de Malaga, 2006.

[204] BEATO M, JAMIL M. Intra-system reliability of SICS: video-tracking system (Digital.Stadium R) for performance analysis in soccer [J]. J Sports Med Phys Fit, 2018, 58 (6): 831-836.

[205] LINKE D, LINK D, LAMES M. Validation of electronic performance and tracking systems EPTS under field conditions [J]. PLOS One, 2018, 13 (7): 1-19.

[206] FIGUEROA P J, LEITE N J, BARROS R M. A flexible software for tracking of markers used in human motion analysis [J]. Computer methods and

programs in biomedicine, 2003, 72 (2): 155-165.

[207] DE BARROS R M L, RUSSOMANNO T G, BRENZIKOFER R, et al. A method to synchronise video cameras using the audio band [J]. J Biomech, 2006, 39 (4): 776-780.

[208] REDWOOD-BROWN A, CRANTON W, SUNDERLAND C. Validation of a real-time video analysis system for soccer [J]. International journal of sports medicine, 2012, 33 (8): 635-640.

[209] RAMPININI E, BISHOP D, MARCORA S, et al. Validity of simple field tests as indicators of match-related physical performance in top-level professional soccer players [J]. International journal of sports medicine, 2007, 28 (3): 228-235.

[210] BARRIS S, BUTTON C. A review of vision-based motion analysis in sport [J]. Sports Med, 2008, 38 (12): 1025-1043.

[211] D'ORAZIO T, LEO M. A review of vision-based systems for soccer video analysis [J]. Pattern recognit, 2010, 43 (8): 2911-2926.

[212] ELIASSON G. Weapons development and civilian technology creation [M] // Visible costs and invisible benefits. Cham: Springer, 2017: 87-109.

[213] SVENSSON M, DRUST B. Testing soccer players [J]. Journal of sports sciences, 2005, 23 (6): 601-618.

[214] CARLING C, LEGALL F, DUPONT G. Analysis of repeated high-intensity running performance in professional soccer [J]. Journal of sports sciences, 2012, 30 (4): 325-336.

[215] ARRIAZA E J, ZUNIGA M D. Soccer as a study case for analytic trends in collective sports training: a survey [J]. International journal of performance analysis in sport, 2016, 16 (1): 171-190.

[216] FRENCKEN W G, LEMMINK K A, DELLEMAN N J. Soccer-specific accuracy and validity of the local position measurement (LPM) system [J]. Journal of science and medicine in sport, 2010, 13 (6): 641-645.

[217] LESER R, BACA A, OGRIS G. Local positioning systems in (game)

sports[J]. Sensors, 2011, 11(10): 9778-9797.

[218] SATHYAN T, SHUTTLEWORTH R, HEDLEY M, et al. Validity and reliability of a radio positioning system for tracking athletes in indoor and outdoor team sports[J]. Behavior research methods, 2012, 44(4): 1108-1114.

[219] GU Y, LO A, NIEMEGEERS I. A survey of indoor positioning systems for wireless personal networks[J]. IEEE Communications surveys & tutorials, 2009, 11(1): 13-32.

[220] KOLODZIEJ K W, HJELM J. Local positioning systems: LBS applications and services[M]. Florida: CRC Press, 2017: 65-86.

[221] HOPPE M W, BAUMGART C, POLGLAZE T, et al. Validity and reliability of GPS and LPS for measuring distances covered and sprint mechanical properties in team sports[J]. PLOS One, 2018, 13(2): 1-21.

[222] LUTEBERGET L S, SPENCER M, GILGIEN M. Validity of the Catapult ClearSky T6 local positioning system for team sports specific drills, in indoor conditions[J]. Frontiers in physiology, 2018, 9: 115.

[223] SEIDL T, CZYZ T, SPANDLER D, et al. Validation of football's velocity provided by a radio-based tracking system[J]. Procedia engineering, 2016, 147: 584-589.

[224] SEIDL T, VÖLKER M, WITT N, et al. Evaluating the indoor football tracking accuracy of a radio-based real-time locating system [C] // Proceedings of the 10th International Symposium on Computer Science in Sports. Loughborough: ISCSS, 2016: 217-224.

[225] CASTILLO A B, CARMONA C D G, DE LA CRUZ SANCHEZ E, et al. Accuracy, intra- and inter-unit reliability, and comparison between GPS and UWB-based position-tracking systems used for time-motion analyses in soccer[J]. Eur J Sport Sci, 2018, 18(4): 450-457.

[226] STELZER A, POURVOYEUR K, FISCHER A. Concept and application of LPM-a novel 3-D local position measurement system[J]. IEEE Transactions on microwave theory and techniques, 2004, 52(12): 2664-2669.

[227] ZAIDI M, TOURKI R, OUNI R. A new geometric approach to mobile position in wireless LAN reducing complex computations [C] // International Conference on Design & Technology of Integrated Systems in Nanoscale Era. Hammamet: IEEE, 2010: 1-7.

[228] LESER R, SCHLEINDLHUBER A, LYONS K, et al. Accuracy of an UWB-based position tracking system used for time-motion analyses in game sports [J]. Eur J Sport Sci, 2014, 14 (7): 635-642.

[229] CUMMINS C, ORR R, O'CONNOR H, et al. Global positioning systems (GPS) and microtechnology sensors in team sports: a systematic review [J]. Sports medicine, 2013, 43 (10): 1025-1042.

[230] AUGHEY R J. Applications of GPS technologies to field sports [J]. Int J sport Physiol Perform, 2011, 6 (3): 295-310.

[231] TERRIER P, SCHUTZ Y. How useful is satellite positioning system (GPS) to track gait parameters? A review [J]. J NeuroEng Rehabil, 2005, 2 (1): 28.

[232] GLØERSEN Ø N, KOCBACH J, GILGIEN M. Tracking performance in endurance racing sports: evaluation of the accuracy offered by three commercial GNSS receivers aimed at the sports market [J]. Front Physiol, 2018, 9: 1425.

[233] 刘鸿优，唐小明，陈彦龙，等. 全球定位系统跟踪足球运动员跑动距离的准确性实验 [J]. 体育学刊，2018，25 (1): 132-136.

[234] JOHNSTON R J, WATSFORD M L, KELLY S J, et al. Validity and interunit reliability of 10Hz and 15Hz GPS units for assessing athlete movement demands [J]. Journal of strength and conditioning research, 2014, 28 (6): 1649-1655.

[235] COUTTS A J, DUFFIELD R. Validity and reliability of GPS devices for measuring movement demands of team sports [J]. Journal of science and medicine in sport, 2010, 13 (1): 133-135.

[236] GIERSCH G, HUGGINS R A, BENJAMIN C L, et al. Validity and reliability of a shirt-based integrated GPS sensor [J]. Medicine and science in sports and exercise, 2018, 49: 559.

[237] BEATO M, DEVEREUX G, STIFF A. Validity and reliability of global positioning system units (STATSports Viper) for measuring distance and peak speed in sports [J] . The journal of strength & conditioning research, 2018, 32 (10): 2831–2837.

[238] BEATO M, CORATELLA G, STIFF A, et al. The validity and between-unit variability of GNSS units (STATSports Apex 10 and 18Hz) for measuring distance and peak speed in team sports [J] . Front Physiol, 2018, 9: 1288.

[239] MALONE J J, LOVELL R, VARLEY M C, et al. Unpacking the black box: applications and considerations for using GPS devices in sport [J] . Int J Sport Physiol Perform, 2017, 12 (s2): 18–26.

[240] VAN DIGGELEN F, ENGE P. The world' s first GPS MOOC and worldwide laboratory using smartphones [C] // Proceedings of the 28th international technical meeting of the satellite division of the institute of navigation. Tampa: ION, 2015: 361–369.

[241] TOWNSHEND A D, WORRINGHAM C J, STEWART I B. Assessment of speed and position during human locomotion using nondifferential GPS [J] . Medicine & science in sports & exercise, 2008, 40 (1): 124–132.

[242] CLARK W W, ROMEIKO J R. Inertial measurement of sports motion [P] . 2015–2–3.

[243] IOSA M, PICERNO P, PAOLUCCI S, et al. Wearable inertial sensors for human movement analysis [J] . Expert review of medical devices, 2016, 13 (7): 641–659.

[244] CUESTA–VARGAS A I, GALÁN–MERCANT A, WILLIAMS J M. The use of inertial sensors system for human motion analysis [J] . Physical therapy reviews, 2010, 15 (6): 462–473.

[245] BACHMANN E R, DUMAN I, USTA U Y, et al. Orientation tracking for humans and robots using inertial sensors [C] // IEEE international symposium on computational intelligence in robotics and automation. Monterey: IEEE, 1999:

187–194.

［246］刘晓艳．基于惯性测量单元及GPS的运动记录技术研究［D］．长春：吉林大学，2011.

［247］李启雷，金文光，耿卫东．基于无线惯性传感器的人体动作捕获方法［J］．浙江大学学报（工学版），2012，46（2）：280–285.

［248］O'DONOGHUE P. Reliability issues in performance analysis［J］. International journal of performance analysis in sport，2007，7（1）：35–48.

［249］ATKINSON G，NEVILL A M. Statistical methods for assessing measurement error（reliability）in variables relevant to sports medicine［J］. Sports medicine，1998，26（4）：217–238.

［250］HRASTE M，DIZDAR D，TRNINIĆ V. . Experts opinion about system of the performance evaluation griteria weighted per positons in the water polo game［J］. Collegium antropologicum，2008，32（3），851–861.

［251］CUPPLES B，O'CONNOR D. The development of position-specific performance indicators in elite youth rugby league：a coach's perspective［J］. International journal of sports science & coaching，2011，6（1）：125–141.

［252］TORRES-LUQUE G，FERNÁNDEZ-GARCÍA Á I，CABELLO-MANRIQUE D，et al. Design and validation of an observational instrument for the technical-tactical actions in singles tennis［J］. Frontiers in psychology，2018，9：2418.

［253］HAYEN A，DENNIS R J，FINCH C F. Determining the intra-and inter-observer reliability of screening tools used in sports injury research［J］. Journal of science and medicine in sport，2007，10（4）：201–210.

［254］BEATO M，JAMIL M，DEVEREUX G. The reliability of technical and tactical tagging analysis conducted by a semi-automatic Video-Tracking System（Digital.Stadium®）in soccer［J］. J Hum Kinet，2018，62（1）:103–110.

［255］GONCALVES B，COUTINHO D，SANTOS S，et al. Exploring team passing networks and player movement dynamics in youth association football［J］. PLOS One，2017，12（1）：1–13.

[256] BULDÚ J, BUSQUETS J, ECHEGOYEN I. Defining a historic football team: using Network Science to analyze Guardiola's FC Barcelona [J]. Sci Rep, 2019, 9 (1): 1-14.

[257] BULDÚ J M, BUSQUETS J, MARTÍNEZ J H, et al. Using network science to analyse football passing networks: dynamics, space, time and the multilayer nature of the game [J]. Front Psychol, 2018, 9: 1900.

[258] CURRELL K, JEUKENDRUP A E. Validity, reliability and sensitivity of measures of sporting performance [J]. Sports medicine, 2008, 38 (4): 297-316.

[259] CHACÓN-MOSCOSO S, SANDUVETE-CHAVES S, ANGUERA M T, et al. Preliminary checklist for reporting observational studies in sports areas: content validity [J]. Frontiers in psychology, 2018, 9: 291.

[260] LAMES M, MCGARRY T. On the search for reliable performance indicators in game sports [J]. International journal of performance analysis in sport, 2007, 7 (1): 62-79.

[261] O'DONOGHUE P, MAYES A. Performance analysis, feedback and communication in coaching [M] //MCGARRY T, O'DONOGHUE P, SAMPAIO J. Routledge handbook of sports performance analysis. London: Routledge, 2013: 155-164.

[262] AKENHEAD R, FRENCH D, THOMPSON K G, et al. The acceleration dependent validity and reliability of 10Hz GPS [J]. J Sci Med Sport, 2014, 17 (5): 562-566.

[263] SERPIELLO F R, HOPKINS W G, BARNES S, et al. Validity of an ultra-wideband local positioning system to measure locomotion in indoor sports [J]. Journal of Sports Sciences, 2018, 36 (15): 1727-1733.

[264] MCGARRY T. Applied and theoretical perspectives of performance analysis in sport: scientific issues and challenges [J]. International journal of performance analysis in sport, 2009, 9 (1): 128-140.

[265] ZUBILLAGA A, GOROSPE G, MENDO A, et al. Match analysis

of 2005–2006 champions league final with Amisco system［J］. J sports Sci Med, 2007, 6 (10): 20.

［266］CARLING C, WRIGHT C, NELSON L J, et al. Comment on "Performance analysis in football: a critical review and implications for future research"［J］. Journal of sports sciences, 2014, 32 (1): 2–7.

［267］LAGO–BALLESTEROS J, LAGO–PENAS C, REY E. The effect of playing tactics and situational variables on achieving score–box possessions in a professional soccer team［J］. Journal of sports sciences, 2012, 30 (14): 1455–1461.

［268］ALTMAN D G. Practical statistics for medical research［M］. Florida: CRC Press, 1990: 405–410.

［269］GOES F R, KEMPE M, MEERHOFF L A, et al. Not every pass can be an assist: a data–driven model to measure pass effectiveness in professional soccer matches［J］. Big data, 2019, 7 (1): 57–70.

［270］POLLARD R. Invalid interpretation of passing sequence data to assess team performance in football: repairing the tarnished legacy of charles reep［J］. The open sports sciences journal, 2019, 12 (1): 17–21.

［271］REIN R, RAABE D, MEMMERT D. "Which pass is better?" novel approaches to assess passing effectiveness in elite soccer［J］. Human movement science, 2017, 55: 172–181.

［272］SGRÒ F, AIELLO F, CASELLA A, et al. The effects of match–playing aspects and situational variables on achieving score–box possessions in Euro 2012 Football Championship［J］. Journal of human sport & exercise, 2017, 12 (1): 58–72.

［273］SERPIELLO F R, COX A, OPPICI L, et al. The Loughborough Soccer Passing Test has impractical criterion validity in elite youth football［J］. Science and medicine in football, 2017, 1 (1): 60–64.

［274］CHOI H, O'DONOGHUE P, HUGHES M. An investigation of inter–

operator reliability tests for real-time analysis system [J] . International journal of performance analysis in sport, 2007, 7 (1): 49-61.

[275] AIKEN L R. Content validity and reliability of single items or questionnaires [J] . Educational & psychological measurement, 1980, 40 (4): 955-959.

[276] PENFIELD R D, PETER R. GIACOBBI J. Applying a score confidence interval to Aiken's Item content-relevance index [J] . Measurement in physical education & exercise science, 2004, 8 (4): 213-225.

[277] AIKEN L R. Three coefficients for analyzing the reliability and validity of ratings [J] . Educational & psychological measurement, 1985, 45 (1): 131-142.

[278] O'DONOGHUE P. Measurement issues in performance analysis [M] // O'DONOGHUE P. Research methods for sports performance analysis. London: Routledge, 2010: 149-177.

[279] SMITH T B, HOPKINS W G. Variability and predictability of finals times of elite rowers [J] . Medicine & science in sports & exercise, 2011, 43 (11): 2155-2160.

[280] TRNINIĆ S, DIZDAR D, DEŽMAN B. Empirical verification of the weighted system of criteria for the elite basketball players quality evaluation [J] . Collegium antropologicum, 2000, 24 (2): 443-465.

[281] WILLIAMS L, O'DONOGHUE P. Defensive strategies used by international netball teams [J] . Performance analysis of sport, 2006, 7: 474-479.

[282] TENGA A. Reliability and validity of match performance analysis in soccer: a multidimensional qualitative evaluation of opponent interaction [D] . Oslo: Norwegian School of Sport Sciences, 2010.

[283] O'DONOGHUE P, HOLMES L, ROBINSON G. Doing a research project in sport performance analysis [M] . New York: Routledge, 2017: 174-200.

[284] BORTOLI L, MESSINA G, ZORBA M, et al. Contextual and

individual influences on antisocial behaviour and psychobiosocial states of youth soccer players[J]. Psychology of sport and exercise, 2012, 13(4): 397–406.

[285] CASAMICHANA D, CASTELLANO J. Situational variables and distance covered during the FIFA Wold Cup South Africa 2010[J]. Rev Int Med Cienc Act Fis Dep, 2014, 14(56): 603–617.

[286] MADRIGAL R, JAMES J. Team quality and the home advantage[J]. Journal of sport behavior, 1999, 22(3): 381–382.

[287] POLLARD R. Home advantage in soccer: variations in its magnitude and a literature review of the inter-related factors associated with its existence[J]. Journal of sport behavior, 2006, 29(2): 169.

[288] LEITE W S. Home advantage: comparison between the major European football leagues[J]. Athens journal of sports, 2017, 4(1): 65–74.

[289] LIU T B, GARCIA-DE-ALCARAZ A, ZHANG L, et al. Exploring home advantage and quality of opposition interactions in the Chinese Football Super League[J]. International journal of performance analysis in sport, 2019, 19(3): 289–301.

[290] SÁNCHEZ P A, GARCÍA-CALVO T, LEO F M, et al. An analysis of home advantage in the top two Spanish professional football leagues[J]. Percept Mot Skills, 2009, 108(3): 789–797.

[291] CASTELLANO J, ALVAREZ D, FIGUEIRA B, et al. Identifying the effects from the quality of opposition in a football team positioning strategy[J]. International journal of performance analysis in sport, 2013, 13(3): 822–832.

[292] BRADLEY P S, LAGO-PENAS C, REY E, et al. The influence of situational variables on ball possession in the English Premier League[J]. Journal of sports sciences, 2014, 32(20): 1867–1873.

[293] RAMPININI E, COUTTS A, CASTAGNA C, et al. Variation in top level soccer match performance[J]. International journal of sports medicine, 2007, 28(12): 1018–1024.

[294] WISLOEFF U, HELGERUD J, HOFF J. Strength and endurance of

elite soccer players［J］. Med Sci Sports Exerc，1998，30（3）：462–467.

［295］LIU H，HOPKINS W G，GÓMEZ M–A. Modelling relationships between match events and match outcome in elite football［J］. European journal of sport science，2016，16（5）：516–525.

［296］LIU H，GOMEZ M–Á，LAGO–PEÑAS C，et al. Match statistics related to winning in the group stage of 2014 Brazil FIFA World Cup［J］. Journal of sports sciences，2015，33（12）：1205–1213.

［297］LAGO C. The influence of match location，quality of opposition，and match status on possession strategies in professional association football［J］. Journal of sports sciences，2009，27（13）：1463–1469.

［298］GREGSON W，DRUST B，ATKINSON G，et al. Match–to–match variability of high–speed activities in premier league soccer［J］. International journal of sports medicine，2010，31（04）：237–242.

［299］LIU H. Evaluation on match performances of profes–sional football players and teams under different situ–ational conditions［D］. Madrid：Technical University of Madrid，2015.

［300］LAGO–PENAS C. The role of situational variables in analysing physical performance in soccer［J］. J Hum Kinet，2012，35（1）：89–95.

［301］HOPKINS W G. A spreadsheet for deriving a confidence interval，mechanistic inference and clinical inference from a P value［J］. Sportscience，2007，11：16–21.

［302］刘鸿优，G.HOPKINS W. 体育统计学新视角：数据级数推断［J］. 体育与科学，2017，38（3）：27–31.

［303］BATTERHAM A M，HOPKINS W G. Making meaningful inferences about magnitudes［J］. Int J Sport Physiol Perform，2006，1（1）：50–57.

［304］HOPKINS W，MARSHALL S，BATTERHAM A，et al. Progressive statistics for studies in sports medicine and exercise science［J］. Medicine science in sports exercise，2009，41（1）：3.

［305］LAGO–PEÑAS C，LAGO–BALLESTEROS J，DELLAL A，et al.

Game-related statistics that discriminated winning, drawing and losing teams from the Spanish soccer league[J]. Journal of sports science & medicine, 2010, 9(2): 288.

[306] LAGO-BALLESTEROS J, LAGO-PENAS C. Performance in team sports: identifying the keys to success in soccer[J]. Journal of human kinetics, 2010, 25: 85-91.

[307] FILETTI C, RUSCELLO B, D'OTTAVIO S, et al. A study of relationships among technical, tactical, physical parameters and final outcomes in elite soccer matches as analyzed by a semiautomatic video tracking system[J]. Percept Mot Skills, 2017, 124(3): 601-620.

[308] YUE Z, BROICH H, MESTER J. Statistical analysis for the soccer matches of the first Bundesliga[J]. Int J Sports Sci Coach, 2014, 9(3): 553-60.

[309] OBERSTONE J. Differentiating the top English Premier League football clubs from the rest of the pack: identifying the keys to success[J]. Journal of quantitative analysis in sports, 2009, 5(3): 1-29.

[310] LAGO-PEÑAS C, LAGO-BALLESTEROS J, REY E. Differences in performance indicators between winning and losing teams in the UEFA Champions League[J]. Journal of human kinetics, 2011, 27: 135-46.

[311] SHAFIZADEH M, TAYLOR M, PENAS C L. Performance consistency of international soccer teams in Euro 2012: a time series analysis[J]. J Hum Kinet, 2013, 38: 213-26.

[312] LIU H, GÓMEZ M A. Relationships between match performance indicators and match outcome in 2014 Brazil FIFA World Cup [C] // VIII Congreso Internacional de la Asociacion Espanola de Ciencias del Deporte. Caceres: UDE, 2014: 111-113.

[313] MOURA F A, MARTINS L E B, CUNHA S A. Analysis of football game-related statistics using multivariate techniques[J]. Journal of sports sciences, 2014, 32(20): 1881-1887.

[314] COLLET C. The possession game? A comparative analysis of ball retention and team success in European and international football, 2007 - 2010[J].

Journal of sports sciences，2013，31（2）：123–136.

[315] 刘鸿优，彭召方 . 中国足球超级联赛致胜关键指标探析 [J] . 中国体育科技，2016，52（3）：104–109.

[316] 刘鸿优，彭召方 . 足球技战术表现大数据分析——基于广义线性模型与数据级数推断法 [J] . 体育学刊，2017，24（2）：109–114.

[317] GÓMEZ M A，GÓMEZ–LOPEZ M，LAGO C，et al. Effects of game location and final outcome on game–related statistics in each zone of the pitch in professional football [J] . European journal of sport science，2012，12（5）：393–398.

[318] GRIFFITHS D. An analysis of France and their opponents at the 1998 soccer World Cup with specific reference to playing patterns [J] . Unpublished master s thesis，University of Wales Institute，Cardiff，Wales，1999，

[319] LOW D，TAYLOR S，WILLIAMS M. A quantitative analysis of successful and unsuccessful teams [J] . Insight，2002，4（5）：32–34.

[320] LAGO C，MARTÍN R. Determinants of possession of the ball in soccer [J] . Journal of sports sciences，2007，25（9）：969–974.

[321] ZHOU C J，ZHANG S L，CALVO A L，et al. Chinese soccer association super league，2012–2017：key performance indicators in balance games [J] . International journal of performance analysis in sport，2018，18（4）：645–656.

[322] 柏延洋 . 中超球队技战术关键表现指标体系构建 [D] . 北京：北京体育大学，2018.

[323] CARLING C，DUPONT G. Are declines in physical performance associated with a reduction in skill–related performance during professional soccer match–play? [J] . Journal of sports sciences，2011，29（1）：63–71.

[324] EKBLOM B. Applied physiology of soccer [J] . Sports Med，1986，3（1）：50–60.

[325] REILLY T. Motion analysis and physiological demands [M] // Science and soccer. New York：Routledge，2003：67–80.

[326] RIENZI E，DRUST B，REILLY T，et al. Investigation of anthropometric and work–rate profiles of elite South American international soccer

players [J] . J Sports Med Phys Fit, 2000, 40 (2): 162.

[327] WONG D P, CHAN G S, SMITH A W. Repeated-sprint and change-of-direction abilities in physically active individuals and soccer players: training and testing implications [J]. Journal of strength and conditioning research, 2012, 26(9): 2324-2330.

[328] DRUST B, REILLY T, RIENZI E. Analysis of work rate in soccer [J] . Sports exercise and injury, 1998, 4 (4): 151-155.

[329] REBELO N, KRUSTRUP P, SOARES J, et al. Reduction in intermittent exercise performance during a soccer match [J] . Journal of Sports Sciences, 1998, 16: 482-483.

[330] COMETTI G, MAFFIULETTI N, POUSSON M, et al. Isokinetic strength and anaerobic power of elite, subelite and amateur French soccer players [J]. International journal of sports medicine, 2001, 22 (1): 45-51.

[331] KAI T, HORIO K, AOKI T, et al. High-intensity running is one of the determinants for achieving score-box possession during soccer matches [J] . Football Sci, 2018, 15: 61-69.

[332] VAN GOOL D, VAN GERVEN D, BOUTMANS J. The physiological load imposed on soccer players during real match-play [J] . Science and football, 1988, 1: 51-59.

[333] ANDRZEJEWSKI M, CHMURA J, PLUTA B, et al. Analysis of sprinting activities of professional soccer players [J] . Journal of strength and conditioning research, 2013, 27 (8): 2134-2140.

[334] BRADLEY P S, DI MASCIO M, PEART D, et al. High-intensity activity profiles of elite soccer players at different performance levels [J] . Journal of strength and conditioning research, 2010, 24 (9): 2343-2351.

[335] STØLEN T, CHAMARI K, CASTAGNA C, et al. Physiology of soccer [J] . Sports medicine, 2005, 35 (6): 501-536.

[336] STRUDWICK T, REILLY T. Work-rate profiles of elite Premier League football players [J] . Insight, 2001, 2 (2): 28-29.

[337] TENGA A, RONGLAN L T, BAHR R. Measuring the effectiveness of offensive match-play in professional soccer [J] . Eur J Sport Sci, 2010, 10 (4): 269-277.

[338] HOPPE M W, SLOMKA M, BAUMGART C, et al. Match running performance and success across a season in German Bundesliga Soccer Teams [J] . International journal of sports medicine, 2015, 36 (7): 563-566.

[339] BANGSBO J, MOHR M, KRUSTRUP P. Physical and metabolic demands of training and match-play in the elite football player [J] . Journal of sports sciences, 2006, 24 (07): 665-674.

[340] BRADLEY P S, CARLING C, DIAZ A G, et al. Match performance and physical capacity of players in the top three competitive standards of English professional soccer [J] . Human movement science, 2013, 32 (4): 808-821.

[341] 李学龙，龚海刚 . 大数据系统综述 [J] . 中国科学 : 信息科学，2015，45 (1) : 1-44.

[342] TENGA A, ZUBILLAGA A, CARO O, et al. Explorative study on patterns of game structure in male and female matches from elite Spanish soccer [J] . International journal of performance analysis in sport, 2015, 15 (1): 411-423.

[343] TENGA A, LARSEN Ø. Testing the validity of match analysis to describe playing styles in football [J] . International journal of performance analysis in sport, 2003, 3 (2): 90-102.

[344] 柏延洋，杜军，董健，等 . 比赛情境因素对中超联赛技战术表现指标影响的实证研究 [J] . 沈阳体育学院学报，2019，38 (1) : 123-127，144.

[345] ANDRZEJEWSKI M, KONEFAL M, CHMURA P, et al. Match outcome and distances covered at various speeds in match play by elite German soccer players [J] . International journal of performance analysis in sport, 2016, 16 (3): 817-828.

[346] ANDRZEJEWSKI M, CHMURA P, KONEFAL M, et al. Match outcome and sprinting activities in match play by elite German soccer players [J] . J Sports Med Phys Fit, 2018, 58 (6): 785-792.

[347] CHMURA P, KONEFAL M, CHMURA J, et al. Match outcome and running performance in different intensity ranges among elite soccer players[J]. Biol Sport, 2018, 35 (2): 197–203.

[348] BUSH M, ARCHER D T, BARNES C, et al. Longitudinal match performance characteristics of UK and non–UK players in the English Premier League [J]. Science and medicine in football, 2017, 1 (1): 2–9.

[349] WALLACE J L, NORTON K I. Evolution of World Cup soccer final games 1966–2010: game structure, speed and play patterns[J]. Journal of science and medicine in sport, 2014, 17 (2): 223–228.

[350] HAUGEN K K. Video assisted refereeing in association football–possible adverse effects on uncertainty of outcome[J]. OA Journal–Sports, 2019, 1 (1): 23–25.

[351] CARLOS L–P, EZEQUIEL R, ANTON K. How does video assistant referee (VAR) modify the game in elite soccer? [J]. International journal of performance analysis in sport, 2019, 19 (4): 646–653.

[352] SERBY T. British football club insolvency: regulatory reform inevitable? [J]. The international sports law journal, 2014, 14 (1–2): 12–23.

[353] KENNEDY P, KENNEDY D. The role of sport science in the elite football labour process[J]. Sport Bus Manag, 2016, 6 (3): 341–359.

[354] TREQUATTRINI R, DEL GIUDICE M, CUOZZO B, et al. Does sport innovation create value? the case of professional football clubs[J]. Technology innovation and education, 2016, 2 (1): 11.

[355] YI Q, GOMEZ M A, WANG L, et al. Technical and physical match performance of teams in the 2018 FIFA World Cup: effects of two different playing styles[J]. Journal of sports sciences, 2019, 37 (22): 2569–2577.

[356] DELLAL A, WONG D P, MOALLA W, et al. Physical and technical activity of soccer players in the French First League—with special reference to their playing position[J]. International Sport Med Journal, 2010, 11 (2): 278–290.

[357] MOALLA W, FESSI M S, MAKNI E, et al. Association of physical

and technical activities with partial match status in a soccer professional team [J] . Journal of strength and conditioning research, 2018, 32 (6) : 1708–1714.

[358] BRADLEY P S, ARCHER D T, HOGG B, et al. Tier–specific evolution of match performance characteristics in the English Premier League: it's getting tougher at the top [J] . Journal of sports sciences, 2016, 34 (10) : 980–987.

[359] BARNES C, ARCHER D T, HOGG B, et al. The evolution of physical and technical performance parameters in the English Premier League [J] . International journal of sports medicine, 2014, 35 (13) : 1095–1100.

[360] BUSH M, BARNES C, ARCHER D T, et al. Evolution of match performance parameters for various playing positions in the English Premier League [J] . Human movement science, 2015, 39: 1–11.

[361] KONEFAL M, CHMURA P, ZAJAC T, et al. Evolution of technical activity in various playing positions, in relation to match outcomes in professional soccer [J] . Biol Sport, 2019, 36 (2) : 181–189.

[362] MARCOS F M L, SÁNCHEZ–MIGUEL P A, SÁNCHEZ–OLIVA D, et al. Evolution of perceived cohesion and efficacy over the season and their relation to success expectations in soccer teams [J] . J Hum Kinet, 2012, 34 (1) : 129–138.

[363] YI Q, JIA H, LIU H, et al. Technical demands of different playing positions in the UEFA Champions League [J] . International journal of performance analysis in sport, 2018, 18 (6) : 926–937.

[364] MORGANS R, ADAMS D, MULLEN R, et al. Changes in physical performance variables in an English Championship League team across the competitive season: the effect of possession [J] . International journal of performance analysis in sport, 2014, 14 (2) : 493–503.

[365] WILLIAMS A, LEE D, REILLY T. A quantitative analysis of matches played in the 1991 – 92 and 1997 – 98 seasons [R] . London: The Football Association, 1999.

[366] AQUINO R, MARTINS G H M, VIEIRA L H P, et al. Influence of

match location, quality of opponents, and match status on movement patterns in Brazilian professional football players [J] . Journal of strength and conditioning research, 2017, 31 (8): 2155–2161.

[367] BARNES C, ARCHER D, BUSH M, et al. The evolution of physical and technical performance parameters in the English Premier League [J] . International journal of sports medicine, 2014, 35: 1–6.

[368] ANDRZEJEWSKI M, CHMURA J, PLUTA B, et al. Sprinting activities and distance covered by top level Europa league soccer players [J] . Int J Sports Sci Sci Coach, 2015, 10 (1): 39–50.

[369] BANGSBO J. Physiology of training [M] // Science and soccer. New York: Routledge, 2003: 55–66.

[370] REILLY T, DORAN D. Fitness assessment [M] // Science and soccer. New York: Routledge, 2003: 29–54.

[371] REILLY T. The science of training–soccer: a scientific approach to developing strength, speed and endurance [M] . New York: Routledge, 2006: 160–167.

[372] REILLY T, REILLY N, SECHER P. Football [J] . Physiology of sports, 1990: 371–425.

[373] TENGA A, HOLME I, RONGLAN L T, et al. Effect of playing tactics on goal scoring in Norwegian professional soccer [J] . Journal of sports sciences, 2010, 28 (3): 237–244.

[374] YATES I, NORTH J, FORD P, et al. A quantitative analysis of Italy's World Cup performances. a comparison of World Cup winners [J] . Insight—the FA coaches association journal, autumn/winter, 2006, 6: 55–59.

[375] BASEVITCH I, YANG Y, TENENBAUM G. Is the best defense a good offense? Comparing the Brazilian and Italian soccer styles [J] . Kinesiology: international journal of fundamental and applied kinesiology, 2013, 45 (2): 213–221.

[376] OBERSTONE J. Comparing team performance of the English Premier League, Serie A, and La Liga for the 2008–2009 season [J] . Journal of

quantitative analysis in sports, 2011, 7 (1): 1–18.

[377] MITROTASIOS M, GONZALEZ–RODENAS J, ARMATAS V, et al. The creation of goal scoring opportunities in professional soccer. tactical differences between Spanish La Liga, English Premier League, German Bundesliga and Italian Serie A [J]. International journal of performance analysis in sport, 2019, 19 (3): 452–465.

[378] CARLING C. Analysis of physical activity profiles when running with the ball in a professional soccer team [J]. Journal of sports sciences, 2010, 28 (3): 319–326.

[379] JONES P, JAMES N, MELLALIEU S D. Possession as a performance indicator in soccer [J]. International journal of performance analysis in sport, 2004, 4 (1): 98–102.

[380] LINK D, HOERNIG M. Individual ball possession in soccer [J]. PLOS One, 2017, 12 (7): 1–15.

[381] CHASSY P. Team play in football: how science supports FC Barcelona's training strategy [J]. Psychology, 2013, 4 (09): 7.

[382] EVANGELOS B, ARISTOTELIS G, IOANNIS G, et al. Winners and losers in top level soccer. how do they differ? [J]. Journal of physical education and sport, 2014, 14 (3): 398.

[383] BURACZEWSKI T. Differences in the effectiveness of ball handling between the polish national team and best teams of the 17th football World Cup (South Korea–Japan–2002) [J]. Polish journal of sport & tourism, 2009, 16 (1): 33–35.

[384] LINK D, DE LORENZO M F. Seasonal pacing – match importance affects activity in professional soccer [J]. PLOS One, 2016, 11 (6): 1–10.

[385] SOARES J T, SHAMIR L. Quantitative analysis of penalty kicks and yellow card referee decisions in soccer [J]. American journal of sports science, 2016, 4 (5): 84.

[386] YI Q, GÓMEZ M N, LIU H, et al. Variation of match statistics and football teams' match performance in the group stage of the EUFA Champions league

from 2010 to 2017[J]. Kinesiology, 2019, 51(2): 170-181.

[387] ANDERSON L, ORME P, DI MICHELE R, et al. Quantification of seasonal-long physical load in soccer players with different starting status from the English Premier League: implications for maintaining squad physical fitness[J]. Int J Sport Physiol Perform, 2016, 11(8): 1038-1046.

[388] BANGSBO J, PEITERSEN B. Defensive soccer tactics[M]. Illinois: Human Kietics, 2002: 132-157.

[389] GAI Y, LEICHT A S, LAGO C, et al. Physical and technical differences between domestic and foreign soccer players according to playing positions in the China Super League[J]. Res Sports Med, 2019, 27(3): 314-325.

[390] LINK D. Data analytics in professional soccer[M]. London: Springer, 2018: 20-48.

[391] DAVIDS K, ARAÚJO D, SHUTTLEWORTH R. Applications of dynamical systems theory to football[J]. Science and football V, 2005: 537-550.

[392] GLAZIER P S. Game, set and match? Substantive issues and future directions in performance analysis[J]. Sports Med, 2010, 40(8): 625-634.

[393] GRÜNZ G, HAAS K, SOUKUP S, et al. Structural features and bioavailability of four flavonoids and their implications for lifespan-extending and antioxidant actions in C. elegans[J]. Mechanisms of ageing and development, 2012, 133(1): 1-10.

[394] GONG B, CUI Y, GAI Y, et al. The validity and reliability of live football match statistics from Champdas Master match analysis system[J]. Frontiers in psychology, 2019, 10(1339): 1-12.

[395] BOURBOUSSON J, POIZAT G, SAURY J, et al. Team coordination in basketball: description of the cognitive connections among teammates[J]. Journal of applied sport psychology, 2010, 22(2): 150-166.

[396] DUCH J, WAITZMAN J S, AMARAL L A N. Quantifying the performance of individual players in a team activity[J]. PLOS One, 2010, 5(6): 1-7.

[397] GRUND T U. Network structure and team performance: the case of English Premier League soccer teams [J]. Social networks, 2012, 34 (4): 682-690.

[398] CLEMENTE F M, COUCEIRO M S, MARTINS F M L, et al. Using network metrics to investigate football team players' connections: a pilot study [J]. Motriz: Revista de Educação Física, 2014, 20 (3): 262-271.

[399] RIBEIRO J, DAVIDS K, ARAÚJO D, et al. The role of hypernetworks as a multilevel methodology for modelling and understanding dynamics of team sports performance [J]. Sports medicine, 2019,

[400] PRACA G M, LIMA B B, BREDT S D G T, et al. Influence of match status on players' prominence and teams' network properties during 2018 FIFA World Cup [J]. Frontiers in psychology, 2019, 10: 695.

[401] CLEMENTE F M, MARTINS F M L, KALAMARAS D, et al. General network analysis of national soccer teams in FIFA World Cup 2014 [J]. International journal of performance analysis in sport, 2015, 15 (1): 80-96.

[402] CLEMENTE F M, COUCEIRO M S, MARTINS F M L, et al. Using network metrics in soccer: a macro-analysis [J]. Journal of human kinetics, 2015, 45 (1): 123-134.

[403] COTTA R C, HEWETT J L, LE M P, et al. Bounds on dark matter interactions with electroweak gauge bosons [J]. Physical Review D, 2013, 88 (11): 71-79.

[404] CLEMENTE F M, MARTINS F M L, WONG D P, et al. Midfielder as the prominent participant in the building attack: a network analysis of national teams in FIFA World Cup 2014 [J]. International journal of performance analysis in sport, 2015, 15 (2): 704-722.

[405] 曹雪薇，李小天，付颖瑶，等. 基于复杂网络方法的中超联赛主客场对球队运动表现的影响研究 [J]. 体育科研，2019，40 (4)：22-28.

[406] CASTELLANO J, ECHEAZARRA I. Network-based centrality measures and physical demands in football regarding player position: is there a

connection? a preliminary study [J] . J Sports Sci, 2019, 1–8.

[407] RIBEIRO J, SILVA P, DUARTE R, et al. Team sports performance analysed through the lens of social network theory: implications for research and practice [J] . Sports medicine, 2017, 47 (9): 1689–1696.

[408] LANFRANCHI P. The migration of footballers—the case of France, 1932–1982 [J] . Global sports arena: athletic talent migration in an interdependent world, 1994, 63–77.

[409] MAGUIRE J, PEARTON R. The impact of elite labour migration on the identification, selection and development of European soccer players [J] . Journal of sports sciences, 2000, 18 (9): 759–769.

[410] STEAD D, MAGUIRE J. "Rite De Passage" or passage to riches? The motivation and objectives of Nordic/Scandinavian players in English league soccer [J] . Journal of sport and social issues, 2000, 24 (1): 36–60.

[411] LANFRANCHI P, TAYLOR M. Moving with the ball: the migration of professional footballers [M] . Oxford: Berg, 2001: 31–84.

[412] MAGEE J, SUGDEN J. "The world at their feet": professional football and international labor migration [J] . Journal of sport & social issues, 2002, 26 (4): 421–437.

[413] MAGUIRE J. Sport worlds: a sociological perspective [M] . Illinois: Human Kinetics, 2002: 79–130.

[414] MCGOVERN P. Globalization or internationalization? Foreign footballers in the English league, 1946–95 [J] . Sociology, 2016, 36 (1): 23–42.

[415] BROMBERGER C. Foreign footballers, cultural dreams and community identity in some north-western Mediterranean cities [J] . Global sport arena athletic talent migration in an independent world, 2013, 171–183.

[416] VELEMA T. A game of snakes and ladders: player migratory trajectories in the global football labor market [J] . International review for the sociology of sport, 2018, 53 (6): 706–725.

[417] ZHOU C, LAGO-PENAS C, LORENZO A, et al. Long-term trend analysis of playing styles in the Chinese soccer super league [J]. Journal of human kinetics, 2021, 79 (1), 237-247.

[418] VAMPLEW W. Creating the English Premier Football League: a brief economic history with some possible lessons for Asian soccer [J]. The international journal of the history of sport, 2017, 1-12.

[419] WÄSCHE H, DICKSON G, WOLL A, et al. Social network analysis in sport research: an emerging paradigm [J]. European journal for sport and society, 2017, 14 (2): 138-165.

[420] CLEMENTE F M. Performance outcomes and their associations with network measures during FIFA World Cup 2018 [J]. International journal of performance analysis in sport, 2018, 1-14.

[421] FREEMAN L C. Centrality in social networks conceptual clarification [J]. Soc Networks, 1978, 1 (3): 215-239.

[422] SHIMBEL A. Structural parameters of communication networks [J]. The bulletin of mathematical biophysics, 1953, 15 (4): 501-507.

[423] FREEMAN L C. A set of measures of centrality based on betweenness [J]. Sociometry, 1977, 35-41.

[424] HOPKINS W G. Compatibility intervals and magnitude-based decisions for standardized differences and changes in means [J]. Sportscience, 2019, 23: 1-5.

[425] PENA J, TOUCHETTE H. A network theory analysis of football strategies [J]. arXiv preprint arXiv, 2012: 1206.6904.

附录

附录1　Champdas Master 系统足球比赛表现指标及其定义

1. 进攻相关指标

进攻转移（attacking shift）：在中场及前场区域，当进攻受阻时进攻球员主动将球从一侧边路传递到另一侧边路（一脚完成传递或者三脚内完成传递）以寻找（创造）更好的进攻空间的行为。

攻入进攻三区（enter into attacking third）：将球场三等分，分为前场、中场及后场，攻入前场即攻入进攻三区。攻入前场的次数包括：①攻入前场后完成一次球权转换（包括主动防守得到的球权转换或无意识情况下获得的球权转换）的次数；②形成死球的次数。

运球（dribble）：一次成功的带球过人意味着这名队员击败防守队员的同时保持控球权，失败的带球过人意味着带球者被抢断。过人的方式可以有很多种，包括假动作、趟球加速。过人不只包括向前的，也可以是横向的甚至是背向进攻方向的。如果攻方球员短暂失去对球的控制权，双方进入争夺1/2球的状态，则根据对抗的结果判断是否过人成功。

射门（shot）：用身体的任何部位（在不犯规的情况下）尝试进球，包括射中或不中。射门的结果应该有进球、射中、射门偏出、射门被扑救、射门击中门框。

射正（shot on target）：以进球为结果或任何在不被封堵的情况下都会进球的射门，也称“有效射门”。

获得球权（possession gained）：主动防守获得球权与被动获得球权的总数。主动防守获得球权包括抢断拦截。被动获得球权，即在无意识情况下获得球权，包括对方解围，球落到本方球员控制范围等。

空中对抗（aerial duel）：也叫“争顶”，两人争抢空中球，双方必须双脚离地跳起并进行对抗。在对抗中胜利一方为空中对抗成功，相反则为空中对抗失败。

2. 传球相关指标

传球（pass）：任何将球尝试传给另外一名队友的技术动作。（注：不包括角球、门球、任意球、界外球情况下的第一脚传球。）

成功传球（successful pass）：同伴之间成功的传球。（注：不包括角球、门球、任意球、界外球情况下的第一脚传球。）

向前传球（forward pass）：面对进攻方向，且与边线平行线的夹角角度小于15° 的传球。

直塞（through ball）：向前并穿透最后一条防线的传球。

横传（lateral pass）：向左或右侧的横向传球（与底线平行线的夹角小于等于15°）。

斜传（diagonal pass）：斜向传球，即传球方向与边线平行线有夹角，其角度区间包括（15°，75°）;（–15°，–75°）;（105°，165°）;（–105°，–165°）。

回传（backward pass）：向后方传球（传球角度与边线平行线夹角小于等于75°）。

长传（long ball）：距离大于25 m 的传球。

短传（short pass）：距离小于等于25 m 的传球。

助攻（assist）：射门进球之前一脚的成功传球。

连续传球（consecutive pass）：进攻方从获得球权（包括死球）到球权转换或者出现死球的全部传球次数统计。

关键传球（key pass）：未进球射门的前一脚成功传球。

传中（cross）：在前场（进攻三区）禁区外边路起脚且目的是传入禁区中间区域的传球。（不算传中的情况：①非被对方封堵情况下未能从边路传进禁区的传球；②从球场中路传到禁区的传球。）

3. 防守相关指标

抢断（tackle）：在对方持球并且没有传球意图的情况下，防守球员主动上抢解除对方球员控球权的动作。抢断成功是当球员做出抢断行为并由他自己或队友获得球权。抢断成功也包括抢断行为导致球出界的情况。

拦截（interception）：防守球员主动在传球路线上阻截破坏对方准确传球，让接球球员无法获得球权。（注：距离接球者较近。）

解围（clearance）：在受到进攻威胁的情况下防守球员将球清除出危险区域。如果球被有目的地踢向队友的方向，则不是解围，是传球。

回抢（ball regain after being tackled）：两个人的球权连续切换，一个人被抢断后重新获得控球权（球权从 A 到 B 再到 A）。

封堵传球（blocked pass）：与拦截行为近似，但是防守球员距离传球者较近。防守球员在传球路线上成功封堵破坏了传球球员的传球。引申来说就是距离对方极近的防守球员在传球一瞬间下意识或无意识地封堵了对方传球。

封堵射门（blocked shot）：防守球员有效阻挡对方任何形式的射门。

4. 守门员相关指标

守门员扑救（save）：守门员用身体的任意部位来阻止球进入球门。扑救 = 对方有效射门 – 进球（不含乌龙）+ 本方球员失误挡向球门的球。

守门员击出（punch/hit）：守门员主动采取用手将球击出的动作。

守门员脱手（deflected save）：守门员进行扑救但并没有抱住球。

守门员出击（keeper sweeper）：守门员离开球门区试图解除对方进攻威胁的行为，包括跃起将对手传中球摘下，下地扑对手脚下球，出来封堵减少对手射门角度，以及将 1/2 球解围。

附录 2　高频专业词汇中英文对照表

英文缩写	英文全称	中文全称
SPA	sports performance analysis	运动表现分析
NA	notational analysis	运动标注分析
VA	video analysis	视频分析工作
BMC	Bloomfield Movement Classification	布洛姆费尔德动作分类体系
MBI	magnitude-base inference	数据级数推断理论
GLMMs	generalized linear mixed models	广义混合线性模型
EPTS	electronic performance and tracking systems	电子运动表现与追踪系统
GNSS	global navigation satellite system	全球导航卫星系统
IMS	international match standard	国际比赛标准
LPS	local positioning system	本地定位系统
IMU	inertial measurement unit	惯性测量单元
SNA	social network analysis	社交网络分析
PO	pass out	传球
PI	pass in	接球
NC	neighborhood connectivity	相邻连通性
DC	degree centrality	度中心性
IDC	in-degree centrality	入度中心性
ODC	out-degree centrality	出度中心性
SC	stress centrality	压力中心性
PMENP	partner of multi-edged node pairs	多边节点对的同伴
BC	betweenness centrality	中介中心性
CC	closeness centrality	临近中心性